"IL A TRAHI MON ENFANCE"

DANS LA MÊME COLLECTION

TÉMOIGNAGE SUR LA DÉPORTATION
"Je ne vous oublierai jamais, mes enfants d'Auschwitz..."
par Denise Holstein

"IL A TRAHI MON ENFANCE"

Témoignage recueilli par
Catherine Siguret

Edition°1

J'avais sept ans… Je n'avais pas de force pour résister à cet homme si autoritaire et si terrifiant. Je ne savais pas ce qu'un père n'a pas le droit de faire.

J'avais sept ans… Je ne pouvais pas désobéir ; il disait que je ne verrais plus maman : que si elle venait à l'apprendre, il la tuerait, ou elle se suiciderait.

J'ai grandi. J'ai compris que les autres enfants ne subissaient pas la même chose que moi. Mais la hantise de perdre ma mère était toujours là. J'étais seule dans mon cauchemar, sans les mots pour raconter.

Je pensais que je n'aurais jamais la force de parler. C'était trop dangereux. Pour ma mère, pour moi, pour les autres. Mais un jour, je n'ai plus eu la force de me taire. Ma sœur était menacée. Si je ne parlais pas, elle vivrait la même chose que moi. Elle avait onze ans. Moi, je n'avais pas eu d'arme pour me défendre mais j'en avais pour la protéger, elle. Je n'aurais pas pu continuer à vivre. Il fallait empêcher ce père de nuire.

En avril 94, la justice l'a condamné à des années de réclusion criminelle. La prison pour payer ce qu'il m'avait volé. Mon enfance, mon adolescence, mon insouciance perdues n'ont pas de prix. Je ne les retrouverai jamais. Mais la justice m'a délivrée. Lorsque je regarde devant moi, je ne vois plus la même chose. Je ne m'imagine plus subsister avec le poids du silence mais avancer et construire avec la certitude que ma souffrance a été reconnue. Avoir enfin le droit de regarder l'avenir à vingt-deux ans, ça non plus, ça n'a pas de prix.

Mes mots ont sauvé ma sœur. Ils peuvent aussi sauver d'autres enfants, prévenir les abus. Je n'ai pas envie de devenir une militante contre l'inceste. J'aurais l'impression de rester enfermée dans ma propre histoire en la ressassant tout le temps. Je veux seulement que, grâce à mes mots, les gens comprennent comment l'impensable peut arriver. Si la lecture de mon histoire pouvait décider une seule victime à parler, permettre à un seul proche de deviner, ou faire qu'un seul père incestueux soit puni, ce serait déjà formidable.

Elle et moi

Lorsque je suis née, ma mère avait dix-neuf ans et demi. Mes grands-parents ont très mal accepté l'annonce de sa grossesse. Dans un milieu chrétien, il y a plus de vingt ans, la grossesse d'une mère célibataire était considérée comme un événement qu'il valait mieux cacher. Pendant quelques mois, ma mère et son père ne se sont pas adressé la parole ; sa sœur aînée la condamnait ouvertement. Ma mère en a souffert, je crois, mais dès ma naissance, tout le monde a oublié et je suis devenue le bébé chéri de la famille.

Ma mère avait reçu une éducation assez stricte. Elle était la deuxième de cinq enfants, élevée dans la tradition catholique. J'ai toujours connu mes grands-parents allant à la messe tous les dimanches, à la fois par tradition et par conviction. Lorsqu'ils ont appris mon histoire, ils ont moins fréquenté l'église durant quelques mois. Une révélation de ce type perturbe à la fois la façon de vivre et la façon de penser. Je le suppose ; en fait, je ne leur ai jamais posé la question. Je souffrais d'imaginer que, pendant un temps, mon cauchemar ait pu ébranler leur foi.

La grossesse de ma mère a été triste et difficile. Au regard des autres et de la loi, je n'avais pas de père. Ma mère l'avait connu brièvement, pendant des vacances. Il avait le même âge qu'elle et ne se sentait pas prêt à assumer le rôle de père. Je n'en ai jamais su beaucoup plus. J'étais de « père inconnu », jusqu'à ce qu'un homme me reconnaisse en épousant ma mère.

Je n'ai demandé que tardivement où était mon père. Il ne me manquait pas. Ma mère remplissait tous les rôles à merveille et nous voyions tellement souvent mes grands-parents que je disais souvent à ma mère : « Toi, tu es ma sœur, et Papune est notre père. » Ma mère m'expliquait la réalité mais dans mon esprit, ça ne pouvait être autrement. Mon oncle Xavier avait neuf ans lorsque j'en avais deux ; il était comme un frère pour moi. J'avais donc une conception un peu décalée des générations. L'autorité paternelle était incarnée par mon grand-père. Je n'avais pas le sentiment qu'un père manquait à la maison.

Ce n'est qu'à mon entrée à l'école que j'ai compris. Les autres avaient « un papa », à la fois le mari de maman et l'homme qui veillait sur eux. Je m'identifiais à la petite fille du *Téléphone pleure*, la chanson de Claude François qui disait : « Il n'y a qu'une signature sur mon carnet, les autres ont celle de leur papa, pas moi. » Mais je constatais seulement cette absence. Je n'en souffrais pas.

A ma naissance, ma mère a habité quelques mois en province où elle avait trouvé son premier emploi dans une institution pour enfants inadaptés. Mais nous rentrions tous les week-end à Paris, chez mes grands-parents. Les liens avec eux sont toujours restés aussi étroits.

Un an plus tard, ma mère est revenue à Paris. Elle a trouvé une place d'éducatrice scolaire et un appartement juste à côté de chez mes grands-parents. Nous étions très heureuses toutes les deux. Ma mère avait aménagé notre trois pièces de façon féminine et romantique. Il y avait des meubles blancs, très modernes. J'avais une chambre magnifique avec une petite coiffeuse. Comme ma mère avait peu d'argent, elle s'appliquait à confectionner des choses avec du vénilia : des boîtes, des petites tables, tout ce dont une petite fille peut rêver. Je jouais beaucoup à la poupée, j'adorais les robes qui tournent, les souliers vernis, les belles coiffures. J'étais une enfant comme les autres.

Le soir après l'école, je dînais souvent chez ma grand-mère en regardant *Casimir* jusqu'à ce que ma mère vienne me chercher. Mamie, très bonne cuisinière, me gâtait beaucoup. Tous les mardis soirs, elle nous préparait des pommes de terre sautées et du poisson que nous faisions réchauffer à la maison. Excellente couturière, elle me confectionnait souvent des vêtements très mignons. Ma tante Isabelle, qui a dix ans de plus que moi, était adorable. Elle jouait les grandes sœurs et m'emmenait au cinéma ou me racontait de jolies histoires qu'elle inventait. Je l'adorais. Mon oncle Xavier jouait avec moi et venait parfois dormir à la maison. Je faisais beaucoup de sorties avec mes grands-parents. Nous visitions souvent les musées, les expositions. Parfois, mon grand-père m'emmenait au Jardin des Plantes ou sur les quais de la Mégisserie admirer les animaux et surtout les reptiles, sa passion. Ces sorties avec mon grand-père étaient assez rares. Je les ressentais comme un grand honneur qu'il me faisait parce que c'était, et c'est toujours, un homme plein de tendresse mais assez réservé, très respectable et un peu impressionnant pour une petite fille.

Nous passions toutes les vacances en famille, dans les maisons de campagne, en Bretagne ou dans le Loir-et-Cher. Nous partions tous dans l'immense voiture de mon grand-père. Je n'ai que de bons souvenirs des séjours, sauf que j'étais déjà une enfant anxieuse et que je n'aimais pas la « maison basse » de la maison du Loir-et-Cher. L'immense bâtisse est séparée en deux maisons. Les dîners se faisaient dans la maison haute et au moment du coucher, je devais descendre dans la maison basse. Avec la nuit et tous les bruits étranges qu'il y a dans les vieilles maisons, je ne parvenais pas à m'endormir en bas. J'avais peur. Je ne voulais pas quitter les genoux de ma mère. Dès que je sentais le moment du coucher approcher, je m'angoissais et je m'accrochais à elle. Toute l'année, j'avais l'habitude de dormir dans une chambre qui jouxtait celle de ma mère. Je réclamais d'interminables câlins et lançais d'incessants rappels : « Viens maman… T'es là ? Tu vas bien ? » Elle revenait, me rassurait par un mot gentil. J'ai toujours eu peur qu'il lui arrive quelque chose pendant la nuit, qu'elle meure ou disparaisse je ne sais où. Je l'ennuyais pendant des heures après son coucher, comme la plupart des jeunes enfants. Mais ces petites inquiétudes n'entachaient en rien ma joie de vivre.

Ma mère était très gaie. Pendant l'année, elle adorait avoir des amis à la maison. Elle sortait peu puisqu'elle ne vivait que pour moi mais nos voisins passaient souvent. Dans l'immeuble, elle avait une amie dont le fils était handicapé. Il s'appelait Thierry. J'étais très attachée à ce garçon, beaucoup plus âgé que moi, et tellement moins autonome. Quand il est malheureusement décédé quelques années plus tard, j'ai eu beaucoup de chagrin. Sa mère faisait souvent des dîners impromptus à dix heures du soir et pour moi, c'était une fête parce que ma mère a toujours été très stricte sur les horaires de coucher.

J'avais aussi ma copine de maternelle, Sophie, qui avait un an de moins que moi et habitait juste en face. Nous allions souvent jouer l'une chez l'autre et parfois, je dînais chez elle en attendant le retour de maman du travail. Elle venait dormir à la maison, comme beaucoup d'autres petites copines. Aujourd'hui encore, elle est l'une de mes meilleures amies.

Je n'aimais pas beaucoup l'école parce que j'avais un peu peur des autres et que je détestais être séparée de ma mère. Le cocon familial était pour moi essentiel. J'aimais ma petite maison, ma petite maman, mes jouets et mes animaux.

Mon grand-père, alias le Père Noël, m'avait offert un lapin, l'adorable Lapinot et une tortue, Togo, qui (contrairement à Lapinot) ne m'a pas quittée depuis dix-huit ans ! Je jouais aussi beaucoup avec Ropa, le chien qu'avaient mes grands-parents et ensuite, avec Princesse, la petite chienne qui lui a succédé. A la campagne, je faisais faire des courses aux escargots, en les alignant avec de la salade au bout de leur piste, j'élevais des mouches et toutes sortes de petites bêtes. Tout y passait !

Je ne pensais pas que notre vie pouvait changer. J'étais heureuse et mon seul souci était le bien-être et la sécurité matérielle de ma mère. Je lui disais toujours de ne pas m'acheter des choses trop chères et de s'occuper d'elle. Nous avons toujours vécu comme ça, à se préoccuper du bonheur l'une de l'autre. Je refusais qu'elle se prive pour moi. Il paraît que j'écoutais avec attention les conversations des adultes. J'étais curieuse de la réalité de la vie et l'absence de mari faisait que ma mère me confiait des petits soucis et des petites joies que l'on confie davantage à un conjoint qu'à une petite fille. Cela m'a rendue mûre plus rapidement.

J'aimais la voir s'amuser lorsqu'elle recevait des amis. Elle était très gaie, écoutait de la musique. Elle avait une passion pour Julien Clerc,

La Musica de Patrick Juvet, ou Serge Lama. Elle faisait du basket dans un club de garçons, et était très sportive. Elle adorait se faire belle, porter des longues robes violettes et des grands colliers, des ceintures lacées comme à cette époque là. Il y avait parfois des soirées où ma mère jouait de la guitare, accompagnée par des chants, tous notés sur un grand cahier. Elle savait s'amuser mais elle restait sérieuse parce qu'elle tenait à remplir sans faille son rôle de mère. Parmi ses amis, il y avait des hommes, bien sûr, mais je ne l'ai jamais vue avoir une relation amoureuse avec l'un d'entre eux. Certains m'apportaient gentiment des cadeaux et, des années plus tard, je me suis dit que si elle avait épousé l'un deux, « ça » ne se serait jamais passé. Mais il n'est pas possible de revenir en arrière. Vers six ans, j'imaginais vaguement que ma mère pouvait bien aimer quelqu'un mais cela restait très vague. Jamais en aucun cas je n'ai imaginé que quelqu'un pouvait venir briser notre tête à tête et notre belle entente.

Ces six années de ma vie ont tissé entre ma mère et moi des liens extrêmement puissants, qui ont engendré mon silence futur. Ce qui m'a retenu de parler pendant tant d'années, c'était la peur de la perdre, qu'elle se tue ou qu'elle souffre. Je me souviens de lui avoir dit que j'aimais bien mon futur beau-père parce que, pour la première fois, je la voyais amoureuse et que je ne voulais pas gâcher son bonheur. J'estimais que je n'en avais pas le droit.

Je sais que notre amour l'une pour l'autre est excessif et vient de ce long huis clos qui a duré sept ans. Des amies m'ont dit au moment de la révélation : « Tu sais Stéphanie, j'aime beaucoup ma mère mais jamais je n'aurais enduré ce que tu as enduré pour la protéger. » Je sais cela, mais en même temps j'ai pu constater depuis que les victimes d'inceste parlent rarement, même si elles ne se soucient pas autant que moi de leur mère, alors... J'aurais sans doute parlé plus tôt, c'est tout.

Cette période de ma vie où l'on était toutes les deux est si belle, comparée à ce qui m'a attendu après, que ma nostalgie est immense. Jamais depuis je n'ai été aussi heureuse, à part à la naissance de mon frère et de ma sœur. Ce sont les deux seuls événements positifs du mariage de ma mère. C'est en cela que la suite de la vie m'a apporté quelque chose. Souvent, je me dis que j'aurais préféré ne pas avoir de père que d'avoir celui-là, mais dans ce cas-là, mes deux petits amours ne seraient pas les mêmes... et je les aime tant comme ils sont.

« Dis-moi que tu m'aimes »

Ils se sont rencontrés dans le jardin qui borde notre immeuble. C'était sans doute un dimanche puisque ma mère me regardait faire du vélo. Je ne sais pas ce qu'il faisait là puisque c'est un endroit que l'on ne traverse que pour aller dans l'immeuble. Peut-être qu'il l'attendait… je ne sais pas. Il connaissait ma mère de vue parce qu'il avait été élève dans l'établissement où elle enseignait. Il avait d'importants problèmes d'audition mais c'était quelqu'un de très bien intégré dans le monde du travail et dans la société. Il n'avait pas de problème de communication avec les gens. Dès qu'il m'a vue, il a dit : « Oh quelle jolie petite fille ! » Moi, je n'ai aucun souvenir de cette première rencontre. Il avait vingt ans, six ans de moins que ma mère. Il a affirmé qu'il était tout de suite tombé amoureux d'elle, qu'elle lui plaisait physiquement. Il était sans doute sincère en disant cela.

Quelques mois plus tard, ma mère l'a embauché comme moniteur dans un centre pour enfants sourds qu'elle dirigeait cet été-là, dans la Creuse. Ma mère ne lui parlait pas davantage qu'à un autre. Il ne se passait encore rien entre eux et il avait d'ailleurs une petite amie. Je n'ai pas gardé beaucoup de souvenirs de sa présence parce que je jouais toute la journée et qu'il n'attirait pas particulièrement l'attention. Il faisait très bien son travail. La seule chose que j'ai remarquée, c'est l'impressionnante force physique qu'il avait, cette force qui me fera tant peur par la suite.

En septembre, je suis rentrée au C.P. et pendant l'année, il est venu de plus en plus souvent dîner à la maison. Ce sont les premiers souvenirs précis que j'ai de lui. Je n'aimais pas ses visites parce qu'il m'obligeait à me coucher et m'interdisait de me relever pour m'assurer de la présence de ma mère, comme j'en avais l'habitude. Parfois, je me cachais derrière la porte vitrée du salon pour savoir ce qui se passait et lorsqu'il me découvrait, il me renvoyait très fermement dans ma chambre.

C'est cette réaction même qui a fait naître les premières inquiétudes dans mon esprit et mes premiers doutes sur sa vraie personnalité. J'ai tout de suite senti qu'il dégageait une violence que je n'avais jamais connue. Il était irritable, nerveux, très facilement en colère.

Le principal souci de maman était que nous apprenions à nous accepter l'un et l'autre. D'ailleurs, elle me posait beaucoup de questions pour connaître mes sentiments à son égard. Je comprenais l'importance de ce qu'elle vivait et je ne me sentais pas autorisée à l'empêcher de construire la famille dont elle rêvait. Je savais combien elle avait été soucieuse durant toutes ces années de rencontrer un homme qui puisse être pour moi un père.

Je ne me souviens pas précisément du jour où ils m'ont annoncé leur mariage mais je me souviens très bien d'une soirée, juste avant. Nous étions dans le salon en train de regarder la télévision et ils m'avaient demandé : « Est-ce que tu veux changer de nom pour t'appeler comme maman et ton futur papa ? » J'avais trois jours pour donner la réponse mais j'ai vite réfléchi et au bout d'une heure, j'ai dit : « Je veux m'appeler comme maman. » Je n'avais entendu qu'une partie de la question. Je ne voulais pas qu'une seule chose me sépare de ma mère, pas même un nom. En revanche, un futur papa, je n'en avais ni besoin, ni envie mais je ne n'y étais pas non plus opposée.

Dès le lendemain, il est allé me reconnaître à la mairie, sans même se faire accompagner par ma mère. Elle était d'accord mais elle aurait aimé que la démarche soit conjointe. Elle a été surprise qu'il puisse le faire sans qu'elle ait besoin de confirmer. Elle a attribué son empressement à son impatience de devenir père. Moi, je ne concevais pas une minute ce qu'était la reconnaissance en paternité, que mon « oui » spontané ferait de lui mon père légitime et que reprendre mon véritable nom serait un jour l'objet d'une bataille administrative. Aujourd'hui dans un coin de mon esprit, je garde en mémoire le fait rassurant qu'il n'était pas mon vrai père.

J'avais une grande capacité à aimer les gens. Je pensais sans cesse que je devais l'aimer, que j'allais peut-être l'aimer avec le temps, que je devais partager l'immense bonheur de maman. Elle était comme une petite fourmi dans la maison. Elle préparait son arrivée avec tout l'amour et la tendresse qu'elle a en elle. Elle lui a acheté tout ce qu'il n'avait pas, des vêtements, une penderie pour lui. Elle me posait des questions pour savoir si j'étais contente de sa décision. Je la rassurais invariablement. Elle était épanouie : il était l'homme de sa vie. Ils s'aimaient sincèrement, se faisaient des câlins, se tenaient toujours la main, s'écrivaient des lettres. Il savait être prévenant et laisser entrevoir une promesse de bonheur, bien sûr, sinon, ma mère ne l'aurait jamais épousé. Elle se disait que pour la première fois, elle allait avoir une vraie vie de famille.

Le jour de leur mariage, en juin 79, j'étais inquiète, tendue. J'avais peur de perdre ma mère et elle m'a raconté que tout au long de la cérémonie, j'étais sérieuse et grave et qu'elle ne pensait qu'à moi. Les deux familles ne s'entendant pas, chacun avait passé le repas de midi avec les siens. Sa famille à lui était assez rustre, complètement athée. Mes grands-parents n'étaient pas enthousiasmés par ce mariage. Au départ, ils n'aimaient pas beaucoup le style de leur gendre, sa façon très cavalière de parler, ses « Salut Papi ! » assez déplacés à mon grand-père. Ils avaient peur pour moi, peur que soit rompu le bel équilibre que ma mère avait construit pour moi. Le jour du mariage, j'ai déjeuné pour la dernière fois en tête à tête avec elle. Nous avons beaucoup pleuré sans vraiment savoir pourquoi.

Il a dormi pour la première fois à la maison et le lendemain, ils ont pris une photo de moi dans le salon, devant les fleurs du mariage. Ma mère m'a fait un nouvel album photo qui s'ouvre sur cette image. Au-dessus, elle a écrit : « Stéphanie, une nouvelle vie commence pour toi. J'espère que la décision que j'ai prise sera la bonne. » Ils m'avaient offert une jolie médaille en or, gravée au revers du symbole de leur union : « Papa, Maman. » A la fin du C.P., la maîtresse d'école a annoncé à la classe que je changeais de nom. Et pour la première fois, je suis partie en vacances avec un « papa » et une maman.

Je n'ai jamais pu l'appeler papa. Ma mère pensait qu'il me fallait du temps pour m'habituer, que ça viendrait avec le temps, qu'il ne fallait pas brusquer les choses. Je l'appelais papa pour les autres, pour que cela ne paraisse pas étrange mais lorsque je voulais lui parler, je le tirais par la manche, je le hélais, je n'arrivais même pas à prononcer son prénom. J'aurais pu dire un jour « papa » si le cauchemar n'avait pas commencé si vite, deux mois après le mariage…

Pendant les premières vacances d'été, rien d'anormal ne s'est passé. Déjà pourtant, je ressentais un malaise que je n'avais jamais ressenti. Il recherchait un contact physique avec moi en permanence. Il me prenait sans cesse sur ses genoux, me serrait trop fort dans ses bras et surtout, il répétait à longueur de journée : « Dis-moi que tu m'aimes. » Je répondais : « Mais oui, mais oui… » mais ma réponse ne lui suffisait jamais. J'avais une sainte horreur de ses questions. Je ne savais pas ce que je devais répondre, ce qu'il attendait de moi. Lorsque quelque chose lui déplaisait, il devenait subitement aussi nerveux qu'il avait été douceâtre. Il faisait des mouvements désordonnés, montrait son mécontentement et rendait l'ambiance tendue. Chacun se sentait mal à l'aise. Ma mère lui tenait tête mais cela ne l'empêchait pas de recommencer à la première occasion.

Par amour pour ma mère, je faisais des efforts démesurés pour ne rien dire qui puisse l'énerver, lui, et donc la faire souffrir, elle. J'avais déjà peur de lui parce que je le sentais incapable de se contrôler. Toute ma vie, ce sera ainsi, et encore au procès, même s'il était dans une position inconfortable, j'étais incapable de le regarder dans les yeux parce que ma peur était restée intacte. Douze ans de terreur ne s'effacent pas du jour au lendemain.

A notre retour à Paris, en septembre, je ne l'appréciais toujours pas mais j'étais encore incapable d'imaginer ce que mon quotidien allait devenir. Ma mère, elle, semblait heureuse et j'oubliais mes inquiétudes en la voyant sourire.

C'est ça un père ?

Je rentrais en C.E.1 et j'avais sept ans. Il était le mari de ma mère et ma mère semblait heureuse avec lui. Il a commencé à me faire du mal sans que je puisse comprendre si c'était normal ou non. Ce qui me semblait le plus étrange, c'est qu'il me défendait d'en parler à ma mère et que jamais je ne lui avais caché quelque chose auparavant. Je me disais que tous les pères étaient peut-être comme lui et que c'était normal de devoir subir. Tout a commencé avec la trappe.

Dans les toilettes, à ras du sol, il y avait une trappe où étaient cachés divers tuyaux et conduits de l'appartement. C'était une sorte de caverne de trente centimètres de haut et trente centimètres de large. Un corps d'adulte n'aurait pu s'y glisser. Dedans, c'était noir, sordide et j'imaginais qu'il pouvait y avoir des souris ou des bêtes étranges. En tout cas, ce trou noir me terrorisait. Je connaissais l'existence de cet endroit puisque j'habitais l'appartement depuis longtemps. Jamais toutefois, ma mère ne l'avait ouvert en ma présence. Il a commencé par me dire que des choses étaient tombées dans cette trappe et qu'il ne pouvait pas les attraper. Je n'ai réalisé que bien plus tard qu'un objet ne pouvait arriver par hasard dans une trappe fermée et que cela ne pouvait se reproduire plusieurs fois par semaine.

Il m'obligeait à y pénétrer, sous prétexte que seul mon corps d'enfant pouvait s'y faufiler. L'objet était en général placé assez loin pour que mon visage y soit enfoui ainsi qu'une partie de mon torse et dès que j'étais à moitié engloutie, il me tenait par le ventre et me caressait, en se frottant contre moi. Je me souviens que j'avais peur, que son visage était très rouge lorsqu'il arrêtait et me laissait sortir. Il m'expliquait qu'il valait mieux ne pas en parler. Tout au début, à cette époque-là, je ne comprenais rien du tout. J'étais même incapable de raconter ce qu'il me faisait. Je me rappelle seulement qu'après cet horrible rituel, je me sentais très perturbée, très malheureuse.

Il inventait des jeux d'enfants pour me faire faire ce qu'il voulait. Il y avait toujours des gages. Lorsque je gagnais, je lui demandais de boire d'un seul coup toute une bouteille d'eau ou des choses comme celle-là. Mais il me laissait rarement gagner. Lorsqu'il gagnait lui, il me touchait ou ensuite, il me demandait de le masturber. C'était horrible. Cela me dégoûtait mais si je ne le faisais pas, il criait ou m'insultait. Parfois, il sous-entendait que ma mère ne rentrerait peut-être pas, ce qui me mettait dans un état de panique complètement incontrôlable. Terrorisée par les scénarios tragiques que j'imaginais, je faisais ce qu'il me disait en ne pensant qu'au retour de maman. De la même manière, il m'obligeait à le masturber lorsqu'il prenait son bain et il me touchait lorsque je prenais le mien. Je n'avais pas le droit de fermer la porte. Il aboyait : « Lave-moi les cheveux, fais ceci, fais cela » et il empoignait ma main pour l'amener sur son sexe. J'étais terrorisée.

Il me faisait jouer aux billes après le bain. Je devais m'asseoir par terre, relever ma chemise de nuit et écarter les jambes. Je n'avais pas de slip pour aller dormir. Il visait entre mes jambes.

Tout cela a duré quatre ou cinq ans avec une violence qui croissait. J'ai fini par repérer à l'avance des signes qui annonçaient ce qu'il allait me faire. Par exemple, chaque soir, avant de quitter son travail, il prenait une douche. Lorsqu'il rentrait vers dix-sept ou dix-huit heures, si j'entendais le bain couler, je savais ce qui m'attendait. J'ai fini aussi par comprendre que s'il était tout gentil, m'appelait « ma Fanny », c'était mauvais signe. S'il était odieux, nerveux et violent, cela signifiait qu'il ne me toucherait pas mais que j'allais souffrir, avoir peur autrement. J'étais comme un exutoire à sa folie, à sa perversité destructrice.

Ma mère rentrait vers dix-neuf heures et pendant douze ans, chaque fois que j'entendais le bruit des clés dans la porte, je me précipitais dans ses bras et je me sentais en sécurité. Elle me protégeait sans le savoir. J'ai eu toute mon enfance et mon adolescence la hantise de rester en tête à tête avec lui parce que je redoutais ce qui allait arriver. Cela pouvait le prendre n'importe quand, mais il regardait sa montre, fermait les portes à clé et prenait des précautions infinies pour ne rien laisser paraître.

Je subissais sans savoir à quel point c'était grave. Je guettais le retour de ma mère par la fenêtre et son bonheur de retrouver son mari suffisait à me faire taire. Je n'avais pas le droit de gâcher sa vie, pas le droit de pleurer, pas le droit de me plaindre.

Un soir, au restaurant, devant une coupe de fraises, ils m'ont annoncé que j'allais avoir une petite sœur ou un petit frère. J'étais folle de joie parce que c'était quelqu'un qui allait venir de ma mère. C'était ma mère qui le portait comme elle m'avait portée. Lui, je trouvais son rôle insignifiant. C'est pour cela que je dis « ma sœur » et « mon frère » et que je ne supporte pas qu'on me dise « demi-frère » ou « demi-sœur ». Jamais l'amour que j'ai tout de suite eu pour eux n'a été entaché de la haine et du dégoût que j'avais pour lui.

En même temps, la naissance de ma sœur m'a fait comprendre qu'ils ne se quitteraient plus. J'avais en moi le secret espoir qu'un jour il parte et cet espoir s'évanouissait. Je n'avais pas imaginé qu'il pouvait faire un enfant avec ma mère puisqu'il n'était pas un père ; il ne m'avait pas faite, donc dans ma tête de petite fille, il était incapable de procréer. Il savait que je ne pourrais jamais le considérer comme un père et encore moins comme mon père. Lorsqu'il me faisait du mal, il me disait que j'avais échappé à pire, à mon père naturel, qui de toute façon, était sûrement mort, et que je n'avais pas le droit de me plaindre. Moi, je savais que pire n'existait pas. Je savais qu'il était le père le plus faux qui puisse exister.

Lorsque ma sœur, Claire, est née, je m'en suis occupée énormément. Je lui donnais ses biberons, je jouais avec elle. Je faisais la « petite maman ». Ce rôle et mon cauchemar étaient très séparés. Vivre ce que je vivais ne m'empêchait pas d'avoir des joies. On ne vit pas pendant douze ans en pleurant tous les jours. On vit en essayant d'oublier. A huit ans, je vivais au jour le jour. Lorsque ma mère et ma sœur étaient là, j'étais heureuse et lorsque je me retrouvais seule avec lui, c'était le calvaire.

J'ai commencé à avoir des troubles, à force d'avoir peur. J'étais angoissée, je faisais des cauchemars, je m'accrochais à ma mère de façon maladive. Je n'avais qu'un bonheur, cette toute nouvelle petite sœur encore à l'abri de son père. Je ne m'amusais plus tout à fait comme les autres petites filles et elles me reprochaient toujours de rester garder ma sœur au lieu d'aller jouer avec elles. Je préférais.

Un jour, j'ai su que je ne parlerai probablement jamais. C'est la première fois qu'il m'a projeté un film pornographique. J'avais huit ou neuf ans. Je me souviens encore des images. Il y avait des corps au bord d'une piscine et cela durait très longtemps. J'avais peur, j'étais écœurée. Il avait une attitude étrange. Lorsque ma mère est rentrée, j'étais tellement choquée que je l'ai prise à part dans la chambre que je partageais avec ma sœur et je lui ai dit : « Il m'a montré des choses affreuses, un film avec des gens nus qui se faisaient des choses bizarres... » Ma mère a eu l'air complètement bouleversé et un peu incrédule. Pour elle, c'était impensable. Elle a immédiatement demandé des explications claires à mon beau-père. Elle le harcelait de questions et ce soir-là, j'ai vu l'une des plus grandes scènes de violence de ma vie. Il est devenu écarlate, il a attrapé le lit à étages en chêne massif, et il l'a brisé à la seule force de ses bras. C'était horrible. Il m'a attrapée par le bras en me secouant, en m'ordonnant de dire que ce n'était pas vrai. J'ai regardé ce que j'avais provoqué et j'ai réalisé que le mensonge et le silence devaient être éternels. J'ai dit à ma mère : « Maman, je ne sais pas ce qui m'a pris. Je t'ai menti. Je ne sais pas pourquoi j'ai inventé une chose pareille. Excuse-moi. »

Depuis cette scène, j'ai toujours pensé que ce secret était trop lourd mais que je l'emporterais dans ma tombe. Mon silence était la condition de la survie de tout le monde. Très vite, mon beau-père s'est montré odieux avec ma mère dès que je refusais ou que je ne me soumettais pas assez à ses perversités. Il m'insultait, m'accusait de n'être pas assez tendre, assez gentille. Ma mère ne comprenait pas pourquoi nos relations étaient si tendues. Pendant des années, elle s'est interrogée. Elle pensait que je n'arrivais pas à l'accepter, ce qui la faisait souffrir. Elle devinait que je ne l'aimais pas, sans pourtant qu'un seul mot qui puisse confirmer son intuition ne m'échappe.

J'ai plus que jamais caché mes sentiments et ma tristesse. J'ai fait tout ce que j'ai pu pour ne rien montrer. Mon seul but était de maintenir avant l'arrivée de ma mère assez de calme pour qu'il n'entre pas en crise. Je devais faire ce qu'il me disait. Les gens s'imaginent que le pire est le viol mais les attouchements et les jeux pervers sont tout aussi traumatisants. Je crois que cette période m'a tellement démolie qu'il n'y avait plus rien à casser en moi lorsque le reste a suivi.

Ça s'appelle un monstre

La naissance de mon frère Julien a tout changé. Mes « parents » ont pris un appartement avec une pièce supplémentaire. J'ai eu une chambre pour moi seule. Pour lui, c'était la certitude de l'impunité. Ma sœur ne pouvait plus le gêner par sa présence dans le lit voisin. Dès que nous avons mis les pieds dans l'appartement, il a enlevé les clés des chambres pour que nous ne puissions pas nous enfermer. Je savais ce que cela voulait dire. J'ai eu quelques mois de répit parce que ma mère était en congé maternité et l'enfer a repris de plus belle après la naissance.

Mon beau-père pouvait venir le matin dans ma chambre puisque la chambre des parents était à l'autre bout de l'appartement. Ma mère ne risquait pas d'entendre, ni de voir. D'ailleurs, il évitait d'allumer les lumières. Il se levait à six heures et il venait m'observer avec une lampe électrique, me toucher... Il recommençait le soir, avant le retour de ma mère, comme dans l'autre appartement. Pendant un an, il m'a répété qu'il me préparait à quelque chose de très important, qu'il valait mieux que ce soit lui le premier, parce que les autres hommes étaient tous des salauds. Il venait avec des bougies dans mon lit. Il disait que c'était en prévision de ce qui allait suivre. J'avais mal physiquement et peur. J'avais onze ans et j'étais d'autant plus inquiète que j'avais conscience de ce qui allait arriver.

A huit ans, j'étais dans l'ignorance totale et donc incapable d'anticiper l'horreur de l'avenir. Mais savoir à l'avance ne changeait rien. J'étais comme dans une prison, un engrenage que rien ne pouvait arrêter. Je souffrais d'être obligée d'accepter mais je ne pouvais pas davantage exposer les miens à sa folie sans limite. Je n'avais aucune alternative. Je me sentais condamnée à subir.

Mon frère, Julien, était un bébé, ma sœur, Claire, une toute petite fille, ma mère la personne que j'aimais le plus au monde : il était impensable pour moi de les mettre en danger.

Il m'a violée très peu de temps après la naissance de mon petit frère. Je me souviendrai toujours de cette ignoble « première fois. » Je rentrais de l'école. Julien était dans son parc et Claire jouait près de lui. Elle avait l'interdiction absolue d'entrer dans la chambre et elle avait tellement peur de lui qu'elle ne se serait pas avisée d'enfreindre cette loi. Par la suite, il fermait la porte derrière lui et gardait la clé dans sa poche.

Dès son arrivée dans ma chambre, j'ai compris qu'il allait se passer autre chose que d'habitude. Il avait un comportement tel que j'ai réalisé qu'il s'apprêtait à atteindre le but qu'il s'était probablement fixé depuis des années. Je pleurais en silence et je tenais les barreaux de mon lit. Je détournais la tête comme je l'ai toujours fait. J'évitais son regard et je ne sais pas s'il cherchait à croiser le mien. Je ne pouvais pas résister. Il pesait quatre-vingt-dix kilos et moi, trente-cinq. Tout son poids m'étouffait et j'attendais que ce cauchemar là prenne fin pour me précipiter dans la salle de bains, et me laver encore et encore. Cette même scène s'est déroulée pendant des années.

Il mettait des préservatifs car il avait très peur que je sois enceinte, même au début, lorsque je n'étais pas encore réglée. Il était tellement cynique qu'il m'expliquait qu'une grossesse serait très embêtante : il faut l'accord des deux parents pour un avortement. Ces pensées-là étaient pour moi monstrueuses. Il était parfaitement organisé, d'une vigilance machiavélique, allant jusqu'à détruire les preuves de son crime, en jetant les préservatifs dans les toilettes.

Après, il était calme, souriant et serein. Aucune culpabilité ne l'effleurait. Bien au contraire, il semblait fier de lui. Lorsque ma mère rentrait enfin, il l'accueillait chaleureusement, avec un baiser et un mot gentil. La joie de ma mère était si saine, son bonheur de nous voir tous réunis si authentique, qu'à ces instants, ma haine était décuplée. J'avais l'impression qu'après m'avoir souillée, c'était maman qu'il souillait elle aussi, d'une autre façon.

Les jours où il ne se passait rien avec moi, il faisait souffrir ma sœur et mon frère, puis ma mère dès qu'elle rentrait. Je crois que je le haïssais encore davantage pour ce qu'il leur faisait à eux que pour ce qu'il me faisait à moi, parce que très vite j'ai eu la sensation de me sacrifier et je m'oubliais en pensant à eux. Ma sœur était souvent malade et se nourrissait très peu. Il ne le supportait pas. Il la faisait asseoir par terre, à genoux sur une baguette de bois et la douleur était censée la faire manger. Elle pleurait, je hurlais mais il devenait fou. Alors nous tentions d'obéir, de ne plus nous révolter.

Quant à mon frère, c'était son « petit boy. » Mon beau-père se faisait servir en aboyant ses ordres. Parfois, il le menaçait en plaçant son poing à quelques centimètres du petit visage terrorisé qu'avait mon frère à ces instants-là. Si mon frère, qui avait trois ou quatre ans, refusait d'obéir, mon beau-père lui disait : « Si tu continues, je vais t'éclater toutes les dents ! Il ne t'en restera pas une seule. » Il disait que comme ça, les enfants étaient bien élevés. C'est sûr qu'ils désobéissaient rarement : ils vivaient constamment dans la terreur. De temps en temps, Julien avait tout de même droit à un baiser.

Ma sœur, elle, a toujours été son ennemie. Je crois savoir pourquoi. Il l'a détestée dès sa naissance, d'abord parce qu'elle a partagé ma chambre, ensuite parce que souvent, je la prenais près de moi dans mon lit pour lui échapper. Elle était la personne la plus gênante parce qu'elle était un témoin potentiel de ses agissements. Pour se venger, il lui disait qu'elle n'était pas jolie et aujourd'hui, ravissante adolescente, il lui arrive encore d'en être persuadée. Je me reproche parfois d'avoir perturbé le sommeil de ma sœur mais j'étais tellement désespérée…

J'ai échafaudé plein de plans pour résister. J'ai fini par connaître son odieux manège, alors, pour essayer de l'éviter, je rusais. Je mettais le réveil avant le sien pour ne pas être endormie lorsqu'il arrivait. Je voulais avoir le temps de m'enrouler dans les couvertures. Je faisais semblant de dormir pour me protéger avant son irruption dans ma chambre. Je ne supportais pas qu'il me surprenne dans mon sommeil. Jamais depuis je n'ai pu m'endormir à côté d'un homme.

Il y a eu des moments pires que d'autres, bien qu'il soit difficile de quantifier les souffrances. Parfois ma mère partait en voyage avec sa classe. Elle avait le droit d'emmener mon frère et ma sœur mais moi, je devais rester. Nous nous retrouvions alors tous les deux seuls dans l'appartement. La simple perspective de ces quelques jours me remplissait d'angoisse. Je savais que j'allais vivre l'horreur absolue puisque plus rien ne le retenait ni ne le limitait. C'étaient des jours où il laissait libre cours à ses fantasmes, à son imagination délirante. Il me montrait des films pornographiques et après, il me forçait à faire ce qu'il avait vu. Il me violait quand il voulait, le soir, le matin, n'importe quand. Et le pire, c'est qu'il m'obligeait à dormir dans le lit de ma mère et ça, c'était purement monstrueux.

J'avais l'impression d'être sa maîtresse, de faire du mal à ma mère, d'être là où je n'avais rien à faire.

J'ai du mal à décrire ce que cela représentait pour moi, les sentiments de culpabilité qui me rongeaient, qui m'assaillaient. Comment pouvais-je faire ça à ma mère, moi qui l'aimait tant... Je m'en voulais terriblement tout en me répétant que ce n'était pas moi, la coupable.

J'ai connu d'autres calvaires, comme le soir où il a essayé de me sodomiser. J'ai tellement souffert que j'ai dû l'exprimer par des cris. Il a pris peur. Il y avait du sang. Il a fallu en arriver là pour qu'à ses yeux, je mérite la clémence. Jamais je n'avais imaginé que ça puisse exister. Cela m'a énormément marquée. J'ai eu à la fois peur de mourir et envie de me tuer.

Une autre fois, j'ai entendu à plusieurs reprises du bruit dans son débarras. Il y fabriquait quelque chose. Je ne savais pas quoi. Et un jour, il est arrivé dans ma chambre avec un objet qui m'était destiné.

Sa violence avait d'autres facettes. D'autres faits et d'autres scènes imposaient définitivement le silence. Il avait un goût prononcé pour les armes, les treillis, les rangers et il disait que son éternel regret était de ne pas avoir fait l'armée, à cause de son problème d'audition. Il s'imaginait sans doute qu'à l'armée, il aurait pu donner libre cours à ses pulsions violentes.

Dans sa voiture, il avait toujours une hache et sur lui, un cran d'arrêt ou un poing américain. A la mort de son père, il a hérité du revolver qui allait devenir un objet de cauchemar pour moi. Le revolver était chargé et il le nettoyait sans cesse en ma présence. Cette arme l'obsédait et le fascinait. Lorsqu'il s'énervait après moi, il disait : « Attention, j'ai un flingue ! » Pendant des années, je savais où il était : dans un tiroir. Il me demandait si je connaissais la cachette et je répondais négativement mais je savais toujours précisément où le revolver se trouvait. Je pensais toujours que si, par malheur, un jour, ma mère, ma sœur ou plus tard mon frère étaient menacés, je saurais les défendre. Cela me soulageait de savoir que je pouvais le tuer en cas de force majeure mais c'était surtout infiniment angoissant de penser que sur un coup de folie, il pouvait nous tuer tous. Il en était capable.

Il passait également un temps fou dans son débarras, un réduit où il bricolait et empilait toutes sortes de choses : des seringues, des potions diverses, des revues pornographiques. Il était passionné par toutes ses petites fioles et nul n'en a jamais su la teneur exacte. Trois ou quatre fois, il m'a forcé à boire quelque chose, je ne savais pas quoi.

Parfois, je réussissais à recracher en cachette tout en lui jurant que j'avais bien avalé. J'avais peur que ces breuvages me tuent. Même s'il me semblait que ce n'était pas son souhait premier, je me disais qu'il était tellement malade qu'il pouvait se tromper de boîte, se tromper de dosage. Aujourd'hui, j'imagine que ce devaient être des aphrodisiaques. Cela cadre bien avec le personnage.

Souvent, il disait : « S'il arrive quelque chose à ta mère, nous irons vivre au Canada. » Alors, j'avais peur qu'il tue ma mère d'une injection chimique en pleine nuit. Imaginer que ma mère pouvait disparaître me plongeait dans une angoisse terrible. Imaginer qu'il puisse m'associer à ses pensées immondes, qu'il parle de ma mère comme si elle n'était rien pour moi me terrorisait.

J'étais seule à m'apercevoir de sa folie parce que c'est avant tout envers moi qu'elle se manifestait. Il m'avait offert une boîte en fer, munie d'une serrure, pour y cacher mes secrets. Cette délicatesse soudaine aurait dû éveiller mes soupçons mais il était tellement malade qu'il pouvait avoir décidé de me faire un cadeau. En réalité, il ne m'avait offert cette boîte que pour garder un double de la clé et être en mesure d'en contrôler régulièrement le contenu.

J'ai commencé à écrire mon journal intime et, sans évoquer directement mon calvaire, j'avais écrit : « Je le hais, je le déteste. Il n'est pas mon père. » Lorsqu'il est tombé sur cette phrase, il a brandi le journal sous mes yeux en criant : « Si tu continues à penser des choses pareilles, je vais te tuer, tu entends... je vais te tuer ! » Toutes les menaces sous-entendues jusqu'à mes douze ans sont devenues explicites

Il était tellement fou qu'il a fini par prendre des heures de congé à son travail pour me suivre dans la rue. Je m'en suis aperçue parce qu'un jour, il a fait une crise terrible. J'avais onze ans. Je discutais avec un camarade de classe. Il est arrivé en furie, s'est précipité sur le garçon et lui a donné un coup de poing, sous prétexte qu'il me souriait avec un peu trop d'insistance. C'était une jalousie maladive mais il pouvait passer pour un père un peu abusif, pas abuseur. Il ne supportait aucune personne que j'aime parce qu'il voyait encore mieux que je ne l'aimais pas lui. Il était même jaloux de mon oncle Xavier parce que nous nous entendions trop bien tous les deux.

J'ai fini par craindre le carnage à tout moment et sous toutes ses formes. Il cassait beaucoup de choses, de la vaisselle, des portes et même des choses qu'il avait fabriquées lui-même, comme une immense maison de poupée. Ces scènes avaient lieu en l'absence de ma mère la plupart du temps. Lorsque elle était là, c'était moins fort et il finissait par s'excuser tellement gentiment que ma mère pardonnait.

Progressivement, ma mère s'est mise à le craindre mais elle n'a pas vécu comme moi dans la terreur. Il a longtemps eu l'air amoureux d'elle.

Personne ne pouvait savoir

Le soir, je m'endormais avec la statue de la Sainte-Vierge dans mes bras et je priais pour que ma mère, ma sœur, mon frère, se portent bien mais jamais, absolument jamais je n'ai « dit » à Dieu mon cauchemar, jamais je n'ai pu, même à Dieu, confier ma souffrance. Lorsqu'il hurlait de n'en parler : « à personne », c'était à personne. Cet ordre s'est inscrit dans ma tête à six ans et il n'en est ressorti qu'à dix-neuf ans.

Bien entendu, ma mère s'est aperçu très vite que j'allais mal. Il y a des choses que je ne pouvais pas cacher. J'avais peur de tout de façon maladive : peur des cataclysmes, de l'orage, d'un drame imminent, d'un tremblement de terre, de la mort.

J'étais plutôt réservée mais je pouvais avoir des accès de terreur très violents, des réactions incontrôlables. La nuit, mes crises d'angoisse étaient si fortes que ma mère me retrouvait enfermée dans le noir le plus complet avec un bonnet sur la tête ou emmitouflée dans des couvertures dont je ne voulais pas sortir. J'avais une envie si forte de me cacher que j'aurais voulu pouvoir rentrer dans les murs.

A l'école, les enseignants étaient alertés par ma somnolence, mon manque d'attention pendant les cours et mes mauvaises notes aux interrogations écrites alors qu'ils me voyaient comprendre ce que l'on me demandait. Ma mère était très attentive à tout cela et ne cessait de chercher ce qui n'allait pas en moi. Parallèlement, elle voyait que mes relations avec mon beau-père étaient exécrables : pendant douze ans, nous ne nous sommes quasiment pas adressé la parole. Je ne l'appelais pas, je ne le regardais pas, je ne lui disais bonjour ou au revoir que sur demande et j'étais visiblement dégoûtée. Chaque fois qu'elle me questionnait sur les raisons de ma haine ou de mon malaise en général, je refusais catégoriquement de lui répondre.

La mésentente entre une fille et son beau-père est un problème fréquent, ma mère le savait. Mais les manifestations du problème lui semblaient sans doute un peu démesurées. Alors une fois, une seule fois, elle m'a demandé s'il n'avait pas eu des gestes déplacés. Elle a formulé la question du bout des lèvres et sans imaginer une seconde que ce puisse être la réalité. Elle avait tellement exploré dans toutes les directions que cette hypothèse invraisemblable pour elle avait fini par lui effleurer l'esprit. Je me suis mise en colère, je l'ai presque insultée. Je lui ai demandé comment elle pouvait dire des choses pareilles et elle s'est excusée d'avoir eu une idée aussi abominable. Elle s'est sentie elle-même coupable d'avoir posé la question. Elle s'est dit qu'elle devenait folle parce qu'elle imaginait n'importe quoi et moi, je la soutenais dans cette direction. Mais je ne pouvais pas la regarder tellement j'avais peur qu'elle devine. Je crois que j'aurais préféré mourir que lui dire parce que parler, pour moi, c'était la tuer. Je pensais qu'elle se suiciderait en apprenant la vérité ou bien qu'elle se jetterait sur lui de rage et qu'il la tuerait. Jamais elle n'a pu établir de lien parce que j'étais muette. Et jamais elle n'a pu deviner parce qu'il était le roi des simulateurs. C'est difficile d'imaginer à quel point il jouait sa comédie.

Il avait des accès de « gentillesse » que je ne m'explique toujours pas. Un jour, il nous a offert une chienne adorable, Croquette. Elle m'avait plu sur un marché, en vacances. A mes yeux, c'était incompréhensible qu'il puisse me harceler, et ensuit, me faire un cadeau. Aux yeux de ma mère, c'était le geste d'un bon père affectueux. Il lui arrivait aussi, dans mes crises d'angoisse, de me rassurer. Je me souviens de lui, venu me parler de ses terreurs nocturnes d'enfant, et me dire, dans la chambre même où il me violait : « N'aie pas peur, ta chambre est ton amie, ici, tu es protégée. »

Lorsqu'il regardait des films avec des scènes de viol, il disait des violeurs : « Ces mecs-là, ils mériteraient des balles dans la tête. » Il avait vraiment l'air furieux. C'était comme si la télévision lui renvoyait la véritable image de lui-même et qu'il ne pouvait pas la supporter. Sur le moment, je n'analysais pas. Je bouillais de rage en entendant cela, j'avais envie de crier mais ma règle suprême restait de ne rien laisser paraître à ma mère. Un jour, en regardant *L'été meurtrier*, il est quasiment devenu fou. En voyant la scène du viol, il a jeté son plateau-repas en l'air et il s'est mis dans une colère folle en insultant ma mère parce qu'elle regardait des films aussi violents. C'était presque elle qu'il faisait passer pour un monstre. J'étais totalement abasourdie par une telle mystification. De la même manière, il a un jour déchiré en petits morceaux et jeté à la poubelle un maillot de bain un peu transparent que j'avais porté sur la plage. Cette réaction aurait pu être celle, excessive, d'un père pudique, comme ma mère le supposait. Ma mère considérait qu'il était fragile, facile à choquer et qu'il avait des principes. C'est tout.

Forte de ces expériences, ma mère me reprochait parfois d'être injuste avec lui, de ne pas être assez gentille et m'expliquait qu'il souffrait beaucoup de ma froideur. Elle me demandait de faire des efforts pour rendre la vie plus facile à tout le monde. J'en faisais, mais elle était si loin de s'imaginer lesquels...

Elle tentait de comprendre, interrogeait des amis, des spécialistes et dès mes neuf ans, elle a décidé de me faire consulter un psychiatre qui peut-être saurait me faire parler de ce qui n'allait pas. Mon beau-père était tout à fait opposé à ces visites. Il disait cette phrase d'un rare cynisme : « Stéphanie, moi seul peut résoudre son problème. Elle n'a pas besoin d'un psy. » Je crois qu'il avait très peur que je parle au psychiatre. Après quelques mois, lorsqu'il a vu que je me taisais, il en a déduit que je me tairais toujours.

Je n'allais vraiment pas bien mais je refusais de penser à moi. Si je l'avais fait, je me serais tuée et pour ma mère, je ne devais pas le faire.

En pensant aux autres, je m'occupais suffisamment l'esprit pour ne pas me lamenter sur mon sort.

Je suis allée très régulièrement consulter entre neuf et dix-neuf ans. Parfois, j'y allais plusieurs fois par semaine. Parfois j'arrêtais quelques mois, mais j'y retournais parce qu'il paraît que cela me faisait quand même du bien. Au début, le psychiatre me faisait très peur. J'étais persuadée qu'il allait deviner. Ensuite, je rêvais qu'il devine. Je me disais qu'il était impossible qu'il ne finisse pas par comprendre et qu'en fait, il savait et attendait que ce soit moi qui le lui dise. Cette idée me déplaisait. Je ne pouvais pas me délivrer seule de mon secret. J'avais besoin d'aide et je détestais ce psychiatre de ne pas me forcer à parler s'il savait... mais il a prétendu plus tard n'avoir jamais su. Je lui parlais volontiers de tout le monde, de mes amis, de ma famille mais dès qu'il essayait de me faire parler de mon beau-père, je gardais un silence obstiné et je lui demandais de changer de sujet. Apparemment, cela ne lui a jamais mis la puce à l'oreille. A quatorze ans, il m'a prescrit du Valium, le seul geste thérapeutique qu'il ait su faire pour moi.

J'imagine que pour un médecin, c'est très gênant d'être impliqué dans une histoire d'inceste. Il faut porter plainte, engager des procédures qui peuvent ne pas aboutir. Mieux vaut ne rien savoir. Je lui en veux énormément. J'estime qu'avec lui, j'ai perdu dix ans.

Avec mes amies, je ne parlais pas. J'aimais qu'elles viennent chez moi parce qu'elles me protégeaient. Lorsqu'elles dormaient à la maison, il me fichait la paix. Toutes avaient une image de lui très négative mais elles étaient incapables d'imaginer à quel point c'était un monstre et je crois que sans avoir vécu soi-même ce que j'ai vécu, on ne peut pas y penser. Mes amies avaient en général des pères adorables. J'observais ce qu'elles en disaient. Dans ma classe, l'une d'entre elle adorait son beau-père et l'appelait papa. Au début, je me demandais comment elle pouvait l'aimer mais j'ai rapidement compris en la questionnant qu'elle ne vivait pas la même chose que moi. J'ai su vers dix ou onze ans que j'étais seule à vivre l'inceste, que cela ne se faisait pas chez les autres. Donc, plus qu'auparavant encore, c'est devenu une honte, un monstrueux secret.

Je n'ai pu faire des sous-entendus à mes amies que très tardivement et tellement imprécis que ce n'était pas un indice. A l'adolescence, j'allais très mal. A quinze ans, je comprenais très bien ce que je subissais et j'étais persuadée que cela ne s'arrêterait jamais. J'étais malade d'angoisse, de tristesse, de honte. J'ai commencé à avoir des malaises très inquiétants. Lorsque j'ai raté mon B.E.P., les professeurs n'ont rien compris parce que j'avais de bonnes notes. D'ailleurs, ils avaient dit à ma mère : « Votre fille n'a rien à faire en B.E.P., elle devrait suivre le cursus classique. » Je n'étais pas plus bête qu'une autre, mais l'autorité et les examens me terrorisaient. Lorsque je remplissais une copie, j'étais hantée par la peur de ne pas réussir et de décevoir ma mère.

Stéphanie, une amie très proche de ma classe, essayait de me soutenir. Elle était le principal témoin de mes malaises. Un jour, j'ai été transportée d'urgence à l'hôpital et elle m'a accompagnée parce que je ne voulais pas qu'elle s'en aille. Ma mère était en voyage et mon beau-père est venu me rechercher. Les médecins lui ont dit que je devais voir d'urgence un psychiatre sur place. Il s'y est opposé avec une telle rage, il était dans une telle colère que les médecins m'ont demandé si je le reconnaissais formellement. Ils ne croyaient pas qu'un véritable père puisse se comporter ainsi. Stéphanie n'a rien deviné, bien entendu, sinon que je le détestais et qu'il était un monstre, ce que je ne cessais de répéter.

Un jour, j'ai fugué. Je me suis lacéré le visage avec une paire de ciseaux et je suis partie en courant dans Paris. J'appelais mon amie Maud de cabines téléphoniques en pleurant. Je lui disais que je ne pouvais plus rentrer chez moi, que c'était l'horreur mais je n'ai rien dit d'autre. Elle n'a jamais pu deviner.

Toute ma vie je n'ai cessé de dire que je le haïssais. Ma tante m'a raconté que la simple évocation de son nom me mettait dans une colère violente, me donnait des spasmes, alors que j'étais une petite fille calme. Un jour, elle m'a dit : « Tu sais, ta mère, cela la chagrine beaucoup que tu ne fasses pas d'efforts, que tu ne parles pas à ton père. » Je me suis mise à hurler : « Moi seul sait qui il est, vous ne le connaissez pas, vous vous trompez tous, c'est un monstre. » Ma conduite était incompréhensible, pour tous.

J'ai tout fait pour éviter les gens qui devineraient ou me poseraient des questions. Je refusais systématiquement les visites chez le gynécologue que ma mère me proposait, parce que mes règles disparaissaient parfois pendant plusieurs mois. Avec les amies de mon âge, j'évitais les conversations sur la sexualité. Cela me semblait totalement étranger. Une seule fois, j'ai lancé une sorte de bouteille à la mer à une amie qui me confiait avoir eu son premier rapport sexuel. Je lui ai dit « moi aussi » et lorsque elle m'a demandé qui c'était, j'ai répondu que je ne pouvais pas révéler son nom. Elle m'a juste demandé :

« Je le connais ? » J'ai murmuré : « Oui... malheureusement. »

A seize ans, j'ai eu la chance de rencontrer la chanteuse Jeanne Mas, grâce à Florence, l'amie qui m'a tant aidée et habite avec moi aujourd'hui. En Jeanne, j'adorais la femme, la chanteuse et, en plus, la militante à l'association *Enfance et partage*. Très sensible aux problèmes de violences, il se trouve qu'elle a chanté *J'accuse*, une chanson sur le viol collectif, qui traduisait toutes mes pensées. A une soirée de premier de l'An où toute la famille était réunie, chacun devait imiter le chanteur de son choix. Je me suis déguisée en Jeanne Mas. Je lui ressemblais beaucoup, à l'époque. J'ai chanté très haut et très fort cette chanson, en la vivant complètement, en regardant les gens droit dans les yeux. J'ai osé. C'était à la fois une folie et pas grand-chose, puisque personne n'avait la clé. J'étais seule à connaître la raison de ma rage, mais fière de dire à la face du monde ces mots qui sont encore tellement proches de moi :

« *C'est une puissance invisible / Le choc des mots n'existe pas / Lorsque la force joue la violence et l'égoïsme / Lorsque rien n'est plus fort que ta voix / C'est l'insolence qui prend le rythme / Ma liberté sous leurs doigts (...) / Seule toute la haine est ma loi / J'accuse les rôles du scénario trop facile / D'humilier des peaux sensibles / J'accuse les tireurs de poison qui s'agitent / Au fond d'un dégoût tragique / Y'a pas d'arme qui venge le mal / Qui s'acharne au creux de mes larmes / Ils ont dépouillé mes blessures / Avec des regards indiscrets / Comme assoiffés par l'émotion qu'elles leur procurent / Comme un jouet qu'on voudrait bien casser / C'est leur violence qui prend la suite / Comment pouvoir pardonner…* »

Je ne sais pas si mon beau-père a entendu tous ces mots. De toute façon, il se croyait à l'abri. Il était persuadé que je ne parlerais jamais.

Lorsque je réfléchis aujourd'hui à tous ces indices infimes que j'ai commencé à donner vers quinze ans, je me dis qu'ils ne permettaient guère de deviner. Il me fallait pourtant un courage gigantesque pour les donner, la peur au ventre, mais tant que les gens n'avaient pas la clé, ils ne leur servaient à rien.

Une violence chasse l'autre

Je me taisais pour préserver le bonheur de ma mère et j'ai dû continuer à me taire pour ne pas ajouter à son malheur. Alors qu'il semblait l'aimer, jusqu'à mes onze ans environ, il est devenu distant, désagréable. Il la faisait souffrir. Vers mes seize ans, il est vraiment devenu odieux pour ne jamais cesser de l'être jusqu'à leur rupture. La dégradation de leurs relations a coïncidé avec le moment où il a arrêté de me violer.

A mes seize ans, il a vu que je devenais une grande fille et que j'osais parfois m'opposer à lui. Je me souviens d'avoir un jour vidé le fameux coffret qu'il m'avait offert pour espionner mes secrets. Je ne mettais plus à cet endroit que des choses sans importance. Mais je ne supportais plus sa surveillance incessante. J'avais déposé dans le coffret un billet où j'avais écrit : « Dommage pour les curieux, ce coffret est vide. » J'avais trop peur pour oser davantage mais déjà, je résistais.

Je pouvais me permettre cela parce que son discours avait changé. Il parlait beaucoup de mes dix-huit ans. Cet anniversaire le hantait déjà, trois ans à l'avance. La majorité lui semblait synonyme d'aveu. Il pensait qu'on était plus autorisé à parler à dix-huit ans qu'avant, qu'à dix-huit ans, je pourrais le dénoncer. L'âge n'a bien entendu aucun rapport mais dans sa tête, c'était une obsession. Il ne cessait de parler de ce qui arriverait si je le dénonçais. Il disait : « Si tu parles, ce sera un carnage, personne ne m'aura vivant. » C'était une menace, mais il ne pensait pas une seconde que je le dénoncerais. Je ne pensais pas non plus être en mesure de le faire un jour, mais mon échappatoire a été de sentir cette peur en lui, de pouvoir saisir la seule occasion qui se présentait à moi, depuis mes sept ans, d'être plus forte que lui.

Je me souviens très bien du premier soir où j'ai osé dire : « Non. » Ma mère était partie avec les deux enfants pour l'un de ces voyages qui étaient ma hantise. C'était l'année de mes seize ans et je me suis retrouvée seule avec lui, comme les années précédentes. La différence est que son comportement avait changé. Il était moins sûr de pouvoir abuser de moi impunément. Au lieu de me prendre par le bras fermement ou d'arriver dans ma chambre, il a fait glisser des petits mots sous ma porte. Pendant des années, il a employé ce stratagème. Il écrivait ce qu'il allait me faire. Ensuite, il me réclamait les mots et les faisait soigneusement disparaître, bien sûr. Mais les mots, ce soir-là avaient une autre teneur. Il me demandait de le rejoindre dans son lit, c'est-à-dire le lit de ma mère, sans oser agir. J'ai compris que j'avais une chance. Je me suis barricadée dans ma chambre en bloquant la porte avec des chaises. Je n'ai pas écouté ses menaces et ses supplications et j'ai passé des heures au téléphone, par prudence, en attendant que le silence se fasse dans la maison. Je me suis endormie dans la terreur de la punition qui m'attendrait.

Les jours qui ont suivi ont été très pénibles. C'étaient des brimades en permanence : il me faisait laver plusieurs fois de suite la vaisselle, par exemple, hurlait à propos de tout, déployait sa haine sous toutes ses formes. J'espérais qu'il finirait par se calmer. Simplement, je m'étonnais chaque jour de n'être pas encore morte. J'avais peur mais cela faisait dix ans que j'avais peur, alors... A partir de là, il avait peur parfois d'être dénoncé et moi, je voyais l'issue inespérée.

C'est au retour de ma mère que la situation a dégénéré. C'est comme si me violer était sa façon de désamorcer sa violence. Lorsqu'il a cessé de le faire, il est devenu d'une extrême violence avec tout le monde. Il l'avait toujours été mais on avait l'impression que soudainement, il nous haïssait tous. Il n'y avait jamais un moment de répit. Lorsqu'il me croisait dans le couloir, il me bousculait, m'écrasait le pied, me faisait comprendre que la guerre était déclarée. Avec ma mère, c'était devenu terrible.

Il a commencé à manifester sa violence devant elle, à frapper, à hurler, à l'insulter. Parfois, lors de disputes, il pointait son revolver sur sa propre tempe. Moi, je me disais que s'il appuyait sur la gâchette, ce ne serait pas un mal mais en réalité, cette menace était purement du sadisme envers ma mère. Il avait tellement d'amour et d'admiration pour lui-même qu'il était incapable de faire une chose pareille. Je crois que maman l'aimait tellement sincèrement, et que cet amour était tellement mêlé de crainte, qu'elle était prête à beaucoup lui pardonner. Moi, je n'aurais jamais supporté cela d'un mari. Il ne lui offrait plus de cadeaux pour les fêtes ou les anniversaires, alors elle se les achetait elle-même pour que les enfants ne se posent pas de questions et ne la plaignent pas.

En voiture, il conduisait comme un fou et il hurlait : « J'espère que vous avez une bonne assuranc-vie. » Il fonçait vers un obstacle et demandait en ricanant : « Alors je freine ou pas ? » A l'arrière, je tenais les enfants en priant de tout mon cœur pour qu'il n'arrive rien. Ma mère se mettait les mains sur les oreilles et fermait les yeux pour ne pas voir. Il lui arrachait le bras en lui défendant de protéger son visage, sinon, il faisait mine de foncer dans un mur ou il accélérait encore. Nous ressortions tellement traumatisés de ces expéditions qu'à notre retour à la maison, tout le monde surveillait ses mots et ses gestes pour ne pas laisser échapper quelque chose qui puisse déclencher une nouvelle crise.

Un soir, ma mère s'est écroulée par terre. Elle avait eu un malaise, dû à une crise d'hypertension artérielle. Il a souri en la regardant et il m'a regardé avec un air narquois, comme si ce qu'il prédisait ou ce dont il me menaçait depuis si longtemps arrivait enfin. J'ai hurlé pour qu'il appelle un médecin ou le SAMU. Il n'a rien fait. J'étais paralysée de peur. J'ai dû appeler moi-même les secours.

Quelques mois plus tard, il a pris une maîtresse. Ma mère l'a découvert mais elle continuait à l'aimer, tout en réalisant qu'à tous points de vue, la vie avec lui n'était plus possible. Il faisait de la musculation tous les soirs, avalait des anabolisants et toutes sortes de potions pour ses muscles. Il ne vivait que pour son corps, faisait des régimes étranges avec six litres d'eau gazeuse par jour pendant une semaine, puis un kilo de viande de cheval par jour pendant quatre jours, etc. Ma mère devait fournir ce qu'il désirait et si elle se trompait, c'était un drame. Il exigeait qu'elle lui donne de l'argent, qu'elle lui achète tout ce qu'il voulait, la tenue la plus chère pour faire du sport, un blouson en cuir. Ma mère se privait pour lui et obtempérait. Elle n'avait pas le choix parce qu'à son tour, elle avait peur et ne pouvait que se taire. Il était trop fou et trop dangereux pour qu'elle puisse lui résister. La police se moque des scènes familiales tant qu'il n'y a pas de traces. Et les traces, j'étais la seule à les porter...

Un dimanche soir, il y a eu une crise particulièrement violente et significative du climat qui régnait à la maison. Nous avions passé la journée à Fontainebleau. Ma mère était heureuse parce qu'il avait fait l'effort de passer le dimanche avec nous alors qu'il avait de plus en plus tendance à sortir avec ses amis le week-end. A notre retour, je sentais qu'il n'était pas bien. Il conduisait comme un fou en ricanant. Nous sommes arrivés à la maison avec soulagement et il paraissait avoir retrouvé son calme. Ma mère chantonnait en faisant des bouquets de jonquilles.

Un incident a tourné au drame. Je devais ressortir avec des amis le soir. J'avais donc gardé mes chaussures. Il m'a ordonné de mettre mes chaussons et j'ai refusé clairement. Le ton est monté, ma mère a pris mon parti. Il hurlait : « Mets tes chaussons ou je t'éclate la tête. » Je suis allée dans ma chambre et j'ai entendu des cris et des coups venant de leur chambre. J'ai cru qu'il frappait ma mère et j'ai voulu la secourir. En fait, il arrachait la penderie, criait qu'il allait partir avec l'argent et les valises. Il tapait dans les murs et ma mère, dépassée par cette violence, pleurait sans rien pouvoir faire. Je me suis précipitée sur lui et j'ai pris un coup. Ma mère m'a suppliée de partir comme prévu. Je l'ai fait à contrecœur, laissant mon frère et ma sœur à la maison. J'ai passé la soirée dans la terreur.

Je téléphonais toutes les cinq minutes à la maison mais personne ne répondait. Il était devenu évident pour moi que toute la famille avait été tuée. J'ai demandé à ce qu'on me raccompagne. J'avais l'impression que mon cœur allait lâcher, j'étais blême, je vomissais et mes amis s'inquiétaient pour moi. Lorsque ma mère a ouvert la porte et qu'elle m'a vue, elle leur a dit : « Vous savez, il devient complètement fou. » Quand j'ai entendu ma mère dire cela, j'ai compris que pour elle non plus, la vie n'était plus possible. Lui, il était là, il s'est excusé. Mais moi, je n'entendais plus ses excuses.

Ma mère pleurait sans arrêt. Il arrivait à neuf heures du soir et trouvait tous les prétextes pour hurler. Il distribuait de plus en plus de claques et de coups aux petits ainsi qu'à notre petite chienne. Pour rien. Ma mère n'était pas à l'abri et je ne comprenais plus qu'elle l'aime encore. Je sais seulement qu'elle ne pouvait pas le quitter parce qu'il n'aurait pas supporté que ce soit elle qui en prenne la décision. Il a fallu attendre.

Pendant trois ans, nous avons tous souffert de sa folie mais je me réjouissais en mon for intérieur parce que je me disais qu'il allait peut-être partir, qu'il y avait une chance que je vive à nouveau normalement, comme lorsqu'il n'existait pas. Le dernier réveillon qu'il a passé avec nous, il avait trop bu, était très grossier avec toute la famille. Il avait amené des amis à lui qui étaient dans le même état. A sept heures du matin, il a failli nous tuer sur la route pendant le retour à Paris. Sophie, mon amie d'enfance, était avec moi et était persuadée que nous allions tous mourir dans un accident. Nous nous serrions l'une contre l'autre.

C'est la dernière fois que je suis montée en voiture avec lui.

La décision du divorce a été prise peu de temps après, mais il exigeait de ma mère qu'elle lui trouve un appartement avant de partir. maman était infiniment soulagée. Quant à moi, j'entrevoyais le début d'une nouvelle vie. Pendant des semaines, j'ai retourné ciel et terre pour lui trouver un logement. J'appelais toutes les agences. Finalement, c'est son travail qui lui a trouvé un appartement en mars 91 et les choses se sont précipitées.

Mes grands-parents ont tenu à lui parler pour savoir si cette séparation était mûrement réfléchie. La rencontre a été de courte durée mais il a dit deux choses essentielles : que s'il ne partait pas, il allait tuer l'un de nous quatre, et que la seule personne qu'il aimait dans la famille, c'était moi. Sur le premier point, la réaction de mon grand-père a été terrible. Il a eu très peur et a souhaité une séparation extrêmement rapide. Il a entrevu un danger qu'il n'imaginait sans doute pas. Sur le second point, la famille a été très surprise parce qu'ils voyaient que nos relations étaient inexistantes pendant les réunions de famille et que je ne cachais pas ma haine envers lui.

Aujourd'hui, je me dis que dans sa tête de malade, il est vraisemblable qu'il m'ait aimé, tout en voulant me briser. Mais sur le moment, l'étonnement qu'avait provoqué cette déclaration n'avait pas d'explication. Seule ma tante Laurence, parce qu'elle était plus proche de moi, ressassera longtemps cette phrase dans sa tête en cherchant la clé de l'énigme.

La séparation a bien sûr été douloureuse. Il a pris tout ce qu'il a pu : mes disques, les choses auxquelles tenait ma mère, le Monopoly des enfants parce que les enfants de sa maîtresse adoraient jouer avec, disait-il. De toute façon, il disait que son rôle de père se bornant à la procréation, il n'avait plus rien à faire avec ses propres enfants. Ma mère était désespérée par une telle haine. Il n'a même pas dit au revoir à ma sœur lors de sa dernière soirée à la maison. Lorsqu'il a quitté ma mère, il s'est senti définitivement tranquille. Il laissait derrière lui son crime, sans que je l'aie dénoncé, sans indice.

J'avais presque dix-neuf ans. Une nouvelle vie commençait, sans le monstre entre nous. La tristesse de ma mère ternissait mon bonheur. Elle avait tant vécu en espérant une famille, un foyer uni, elle avait fait tant d'efforts qu'elle était vraiment désespérée. Je tentais de la raisonner. Je lui ai fait un cahier avec toutes les scènes qu'il nous avait fait vivre pour qu'elle le relise lors de ses crises de cafard. Cela l'a aidée. Ma sœur, qui n'avait que dix ans lui a fait également une liste des raisons pour lesquelles elle trouvait que « papa n'était pas gentil. » Mon petit frère, lui, n'avait que sept ans et était plus perturbé. Il voyait surtout que son papa avait disparu.

Ma mère continuait à parler de mon bourreau avec émotion. Progressivement, la situation est devenue pour moi insupportable. Le bonheur que j'imaginais après son départ n'arrivait pas. J'avais espéré pendant tant d'années ce jour où je pourrais vivre à nouveau en osmose avec ma mère. Mais maman comme moi, nous gardions à l'esprit, pour des raisons différentes, le souvenir de sa sinistre existence chez nous. Entre nous, il avait mis tellement de mensonges et de non dit que notre complicité était devenue impossible.

Enfin, quelqu'un sait

Pendant l'été, je suis restée à Paris sans ma mère et les enfants qui étaient partis en vacances, parce que je ne supportais pas de l'entendre le regretter. J'avais trouvé un emploi pour le mois de juillet. J'aurais pu rester habiter chez ma mère mais j'avais tellement peur qu'il revienne, téléphone ou m'attende en bas de l'immeuble que je suis partie habiter à l'autre bout de Paris, chez mon amie Florence. Je n'allais chez ma mère que le week-end, accompagnée de Florence, pour arroser les plantes. Un jour, j'ai trouvé deux lettres de lui : une pour moi et une pour ma mère. Dans celle qui m'était adressée, il y avait trois lignes mystérieuses : « J'ai quelque chose de très important à te dire. Si tu loupes cette chance, ce sera très grave pour toi, c'est à prendre ou à laisser. Téléphone-moi vite pour que l'on se voie » et c'était signé « Ton papa qui t'aime. » J'ai eu peur mais je n'ai pas répondu. J'aurais eu encore plus peur si je l'avais revu. Je souhaitais avant tout ne plus entendre sa voix et ne plus croiser son regard. Quant à la lettre destinée à ma mère, c'était un tissu d'insultes qui l'a à nouveau fait souffrir.

La rentrée de septembre a tout changé dans notre vie. J'ai réalisé que je ne pouvais pas vivre à côté de ma mère avec un mur de silence entre nous. Je ne supportais plus d'entendre ma mère le regretter. Je suis partie définitivement vivre chez Florence. J'ai fait du mal à toute la famille. Ils m'en ont voulu d'abandonner ma mère, alors que son mari la quittait à peine et qu'elle avait plus que jamais besoin de moi. Mais moi, je n'en pouvais plus. Je prenais des risques parce que je n'avais qu'un travail à l'essai pendant un mois mais ce don de moi pendant toutes ces années m'avait épuisée et je ne pouvais plus rien donner. J'arrivais à saturation. Je devais impérativement me protéger, et pour me protéger, il fallait que je parte.

Pendant un certain temps, plus personne ne m'a appelé. Je souffrais mais j'attendais.

Ma mère a fini par craquer et m'a téléphoné. Je lui ai dit que personne ne pouvait comprendre mais que mon départ était mûrement réfléchi. J'ai revu ma mère après quelques semaines et c'est un dimanche chez ma mère avec ma tante Laurence que tout a éclaté.

Laurence a trois ans de moins que ma mère. Nous avons toujours été proches parce qu'elle est adorable, sensible, toujours à l'écoute de ceux qu'elle aime. Pour moi, elle n'est pas seulement une tante mais aussi une confidente, une amie, une personne digne de confiance. Je l'ai toujours adorée. Ce dimanche-là, nous étions parties toutes les deux faire des courses après le déjeuner. Sur le chemin du retour, nous avons beaucoup parlé de lui. Quelques mètres avant d'atteindre l'immeuble de ma mère, elle m'a posé la question que personne ne m'avait posée pendant toutes ces années. Elle l'a formulée du bout des lèvres, sans y croire. Je me souviens qu'elle a commencé par : « Je vais te demander quelque chose de complètement fou » et ensuite : « Est-ce que Jean-Claude t'a un jour obligée à faire quelque chose avec lui ? » Et là, je ne sais pas ce qui m'a pris. J'étais fermée, blindée, habituée à tricher et ce jour-là, j'ai craqué pour une raison que je ne m'explique pas. Je suis devenue blanche, comme anesthésiée, je me suis mise à pleurer sans rien contrôler et sans répondre. J'ai seulement acquiescé d'un hochement de tête et ma tante a changé de visage à vue d'œil. Elle répétait : « C'est pas vrai. C'est pas vrai. C'est ça. Dis-moi que ce n'est pas vrai ! » Elle m'a pris une cigarette, alors qu'elle ne fume pas ! Le pire, c'est que maman était au balcon, guettant notre arrivée et je la voyais, dix mètres plus haut, nous regarder. J'ai entraîné ma tante sous le porche tellement je redoutais que ma mère s'aperçoive de l'étrangeté de notre conduite. Nous n'avons parlé que très peu de temps pour ne pas que cela paraisse bizarre. J'ai fait jurer à ma tante de se taire. J'étais terrorisée d'avoir parlé. Je me demandais si j'avais raison de l'avoir fait.

Ma tante avait une telle tête que nous avons dit à ma mère qu'elle avait eu un coup de fatigue. Pendant des jours, ma tante a été obligée de se taire parce qu'elle cherchait ce qu'il fallait faire. Son mari ne comprenait rien. Il la voyait changer, ne plus dormir. Elle cherchait sur le Minitel les endroits où l'on pouvait parler, se renseigner. Elle m'a parlé de *Viol Femmes Information*, une association où elle voulait que je me rende. Je refusais, persuadée que si je parlais, ils révéleraient tout à ma mère. Ma tante m'a juré le contraire, tout en m'expliquant que je ne pouvais pas cacher ce secret éternellement.

Je n'aurais jamais accepté de me rendre dans un centre, sans une conversation que ma mère m'a rapportée un soir. Depuis un mois, les relations avec son ex-mari s'amélioraient. A la rentrée scolaire, il avait rendu visite aux enfants pour la première fois depuis son départ de la maison. Il avait apporté des cadeaux et avait semblé plus calme à ma mère. Mais elle m'a appelé et m'a dit : « Ton père est venu à la maison et lui qui ne s'est jamais intéressé à Claire, lorsqu'elle est passée toute nue devant lui en sortant de la douche, il a fait une drôle de remarque. Il a dit : « Elle devient mignonne la petite, elle se transforme » avec un drôle de regard. »

Ça m'a fait froid dans le dos. J'avais le souffle coupé. Ma mère a continué son récit et m'a dit qu'il lui avait offert un livre sur la sexualité. Ma sœur avait onze ans, et à onze ans, il m'avait aussi offert ce cadeau. Ensuite, ma mère m'a dit qu'il avait acheté un canapé-lit et qu'il allait bientôt prendre les enfants en week-end. C'était le comble ! C'était comme si ma mère m'annonçait que ma sœur allait subir le même sort que moi. Je n'y avais jamais vraiment pensé jusqu'à présent parce que tant que j'étais là pour subir, puis pour contrôler, elle était à l'abri. J'avais des frissons de dégoût. J'ai immédiatement appelé ma tante et je lui ai dit : « Ça ne peut plus durer. Effectivement, il faut que nous parlions à maman et le plus rapidement possible parce qu'aujourd'hui, je n'ai plus le choix. »

Je suis allée au centre *Viols Femmes Informations* et les jeunes femmes ont achevé de me convaincre. Lorsque je suis arrivée, j'étais paralysée par la peur. Il y avait au mur d'immenses affiches avec des phrases comme « Le viol est un crime. » J'ai réalisé que je m'embarquais dans une histoire sans fin, que mon secret allait éclater à la face du monde mais j'ai eu la chance de rencontrer quelqu'un qui m'a mise à l'aise. Elle m'a offert un café et m'a dit qu'elle avait vécu la même chose que moi, qu'il fallait absolument parler à ma mère. Je m'attendais à rencontrer des psychiatres et j'ai rencontré quelqu'un qui comprenait toutes mes angoisses. Je lui ai dit que si ma mère l'apprenait, elle se jetterait par la fenêtre. Ce à quoi, elle m'a répondu que pour toutes les mères cette vérité était difficile à entendre, mais qu'elles finissaient par l'admettre. Je suis allée plusieurs fois au centre et j'ai fini par accepter de mettre ma mère au courant. Mais moi, je ne pouvais pas le faire. J'avais bien trop peur de sa réaction et bien trop honte.

Ma tante a été fantastique. Après avoir envisagé plusieurs solutions, elle m'a proposée de lui annoncer elle-même. Nous avons fixé la date du week-end du 11 novembre parce que mon frère serait en vacances à la mer et que je pouvais emmener ma sœur. Il fallait impérativement que les enfants ne soient pas là parce que la réaction de ma mère pouvait être terrible. Les jours qui ont précédé, je devais parler à ma mère comme si de rien n'était. Je m'efforçais d'être naturelle. Peu de temps avant le jour prévu, elle avait dîné avec mon beau-père et elle m'avait dit : « Le divorce et la séparation étaient la solution. Il est plus doux, plus tendre. » Je me demandais si elle n'était pas en train de retomber amoureuse de lui.

Le week-end arriva. Ma mère était très gaie et se réjouissait de passer une soirée en tête à tête avec sa sœur Laurence. Je me trouvais ignoble de la laisser se réjouir alors que le drame était imminent. Je suis partie à Dieppe avec Florence, et ma sœur Claire. Claire trouvait cette escapade avec des grandes très amusante. Florence savait depuis quelques jours et me soutenait de toutes ses forces. Elle m'a juste dit qu'elle avait cherché pendant trois ans quel était mon problème, que l'hypothèse de l'inceste l'avait effleurée, mais qu'elle n'avait jamais pu y croire.

Maman, tu as été formidable

Deux morceaux d'une même histoire se déroulaient en même temps : moi à Dieppe, ma tante à Paris et dans l'esprit, la même angoisse de dire une vérité qui expliquait bien des choses mais qui avait été cachée tant de temps. Pendant douze ans, j'ai dissimulé, avec le sentiment que ma vie auprès des autres, mes amis comme ma famille, n'était qu'une pièce de théâtre.

Durant mon week-end à Dieppe, j'ai eu l'impression que ma vie était en suspens. Je devais rire et vivre comme si je ne savais pas ce qui se tramait à cause de moi chez ma mère. J'avais subi pour épargner ma famille, pour ne pas faire de peine à ma mère et il fallait finalement que je lui en fasse tout de même. Florence, merveilleusement présente, tentait d'occuper le temps. Nous sommes allées au cinéma voir *Croc Blanc*. Je ne cessais de regarder l'heure et à la fin du film, j'ai pensé que c'était l'heure à laquelle ma tante allait arriver pour dîner et tout dire. Je me suis mise à pleurer, sous les yeux de ma sœur, assise à côté de moi. Claire m'a dit : « Mais Stéphanie, pourquoi tu pleures ? L'histoire s'est bien finie ! » et en se retournant vers Florence, elle a ajouté : « Tu vois, ma sœur, elle est ultra sensible ! » Dans ma tristesse, je trouvais cela adorable. Je n'ai rien dit mais quelques heures plus tard, je lui ai fait promettre de ne jamais aller chez son père parce qu'il conduisait très mal en voiture, qu'il avait des réactions imprévisibles et qu'il pouvait être dangereux, qu'il ne saurait pas s'occuper d'elle. Elle a promis.

La terrible scène qui se déroulait entre ma mère et sa sœur pendant ce temps à Paris, je n'en saurais, plus tard, que les grandes lignes. Laurence était arrivée avec un sac où ma mère avait aperçu un pyjama. « C'est dans le cas où on discuterait trop tard » avait mal argumenté ma tante. Ce n'était guère dans ses habitudes mais ma mère a pensé qu'elle avait peut-être envie d'une soirée de confidences entre sœurs. Ma tante ne savait pas à quel moment elle devait parler. Ma mère discutait de choses et d'autres. Le repas a commencé. Ma tante ne pouvait rien avaler. Elle a fini par dire : « Dominique, j'ai quelque chose de très grave à te dire. Il va falloir que tu sois extrêmement courageuse mais c'est le souhait de Stéphanie de te le dire. » Ma mère a pris peur et a demandé à ma tante de parler vite. Je ne sais pas comment elle a expliqué les choses. Je sais seulement que ma mère n'a pas dit un mot et qu'elle s'est précipitée pour vomir. Ensuite, bien sûr, elle a tenté de comprendre comment c'était possible mais Laurence ne savait aucun détail. Une partie de la famille, dont Xavier, mon oncle dont je suis très proche, a été prévenue et est venue dans la soirée soutenir ma mère. Personne n'arrivait à croire que c'était vrai même si tout le monde savait qu'il était impensable que je mente.

Le lendemain matin, ma tante m'a appelée à l'hôtel à Dieppe pour me dire : « Ça y est, ta maman le sait. » Elle m'a dit que ma mère avait envie de me voir, c'est tout. J'étais très mal à l'aise sur le trajet du retour. Claire ne devait rien savoir. Lorsque Florence, ma sœur et moi sommes arrivées dans l'appartement, nous avons dû discuter du « bon » week-end que nous avions passé. Ma sœur était ravie. Ma mère avait l'air minée et moi, je regardais par terre. J'avais honte. Lorsqu'on a couché ma sœur, ma mère est rentrée dans le vif du sujet et m'a tenu un discours merveilleux pendant une heure. Moi, je ne pouvais pas parler. Elle disait : « Ce n'est pas la peine de baisser la tête, au contraire. Tu peux relever la tête bien haut. Ce n'est pas à toi d'avoir honte, je t'assure. Regarde-moi dans les yeux. » Elle m'a expliqué combien pour elle c'était pénible d'apprendre que j'avais souffert des années à côté d'elle sans qu'elle ne sache rien. J'avais l'impression que je devais la dégoûter. Elle a été rassurante et douce. Même si elle souffrait, elle prenait sur elle pour me réconforter. Elle ne savait presque rien, seulement l'âge auquel mon calvaire avait commencé et l'âge auquel il s'était terminé. Je n'ai jamais pu raconter et les gens ont su l'essentiel au procès, lorsqu'il a fallu rentrer dans les détails.

C'est ma mère qui m'a décidé à aller en justice. Pour elle, c'était l'évidence même. Un crime ne doit pas rester impuni. C'est un devoir de citoyen, mais pour elle c'était aussi un devoir de mère. Elle a passé la soirée à m'expliquer que c'était indispensable et nous sommes allées au commissariat dès le lendemain.

Je parlais peu, je me sentais mal. Il y avait eu douze ans de silence et en trois semaines, tout un processus d'aveu s'enclenchait. L'aveu à ma tante, à Florence, à ma mère, à la police. J'ai dû prévenir mon travail pour obtenir quelques jours de congé et le simple fait de parler à la directrice me faisait peur. Je me disais : « Ça y est, encore une personne supplémentaire qui le sait. » J'avais l'impression que je n'arrêtais plus de parler de ça, et que la terre entière le savait. Ma mère était très posée, très efficace. C'est après qu'elle s'est écroulée. Nous sommes allées au commissariat et les policiers nous ont conduites à la brigade des mineurs parce que j'étais mineure au moment des faits. Dans la fourgonnette qui nous emmenait Quai de Gesvres, je me sentais dans la peau de quelqu'un qui a fait quelque chose de mal. Arrivées là-bas, c'était comme dans un film. On m'a interrogée avant ma mère, devant un bureau poussiéreux, sous une lampe, face à une vieille machine à écrire. Heureusement, l'inspectrice était une jeune femme gentille qui m'a tout de suite mise à l'aise. Un inspecteur m'avait demandé si je préférais un homme ou une femme. J'ai hésité et lorsque j'ai demandé une femme, il a fait cette remarque : « Ça ne m'étonne pas. Mais ne vous inquiétez pas ! Je ne vous aurais pas demandé de vous asseoir sur mes genoux ! » Cela m'a vraiment choquée.

La déposition a duré quatre heures, quatre heures durant lesquelles pas une minute de mon calvaire ne devait rester dans l'ombre. Je devais raconter à une inconnue tout ce que j'avais enfoui et tenté d'oublier pendant des années. Je savais que je devais le faire mais c'était vraiment pénible. Je me suis aperçue avec surprise combien tout était frais dans ma tête. J'ai omis de raconter des choses qui me sont revenues plus tard. Ce me sera reproché plus tard par les avocats de mon beau-père. Jamais, même dans ma solitude, je n'avais déroulé les événements que j'avais subi.

Je suis ressortie vidée. On ne m'a même pas proposé un verre d'eau. Je leur ai demandé de me promettre de l'arrêter tout de suite parce que j'avais peur. Ils m'ont répondu qu'il y avait tellement de charges contre lui qu'il était impossible qu'il s'en sorte, et qu'ils allaient l'arrêter le plus vite possible. En ressortant, ma mère, qui avait elle aussi subi l'interrogatoire, a acheté deux sandwiches et nous nous sommes retrouvées toutes les deux devant le métro, la peur au ventre. Nous nous demandions s'il ne nous avait pas suivi, s'ils allaient vraiment l'arrêter.

J'ai dormi chez ma mère. Mon frère était toujours en classe de voile et ma sœur était à l'abri chez mes grands-parents. Il a fallu avertir de nouvelles personnes parce que ma sœur et mon grand-père devaient faire une déposition. Ma mère aurait souhaité tenir à l'écart plus longtemps une petite fille de onze ans mais c'était impossible. Mes grands parents, effondrés eux-mêmes, ont dû dire à ma sœur que la police avait besoin de l'entendre, sans expliquer le motif exact. Mais dans sa jeune tête, tout était assez clair. Elle a dit que son père était étrange avec moi parce que tantôt il était très méchant, tantôt il me protégeait. C'était tout à fait ça. J'ai à nouveau été entendue le lendemain, avec Laurence, et au bout d'un moment, ils m'ont dit : « Nous avons suffisamment de charges. Nous partons immédiatement l'arrêter. » J'ai vu les voitures de police partir.

Quelques heures après, j'ai appris ce que je redoutais le plus : ils l'avaient raté à la sortie de son travail. J'étais persuadée qu'il serait prévenu par des amis et qu'il s'enfuirait, qu'il viendrait se venger. Ils l'ont arrêté le lendemain. A sept heures trente, à son travail, menottes aux poignets devant tout le monde. En arrivant à la police, il paraît qu'il a donné un coup de poing sur la table et qu'il a dit : « J'entends et je parle... et j'avoue ! Je sais que je risque vingt ans. » Il a tout avoué. Il se rétractera devant le juge d'instruction sur le conseil de ses avocats mais sur le moment, il a tout dit, sauf les menaces de mort et la tentative de sodomie. Il a dû penser que cela n'arrangerait pas son cas. Il a même oser dire, devant les inspecteurs ahuris, qu'il avait avec moi une complicité formidable, qu'il m'en voulait d'avoir parlé, et qu'il ne voulait plus me voir parce qu'il était fâché !

J'avais bien entendu demandé à la police de m'éviter l'épreuve de la confrontation. Malheureusement, en raison des discordances entre nos deux dépositions, j'ai été convoquée le lendemain. Ce fut le pire moment. Le matin, j'étais tellement mal que ma grand-mère et ma mère m'ont proposé de m'accompagner pour être sûres que j'y aille. Je pleurais, je n'arrêtais pas de pleurer, je pensais que je serais incapable de le regarder. J'ai posé beaucoup de questions à l'inspectrice. J'avais peur qu'il puisse me frapper, me frôler. Cela me dégoûtait de le revoir. Je ne l'avais pas vu depuis plusieurs mois. Le policier qui avait fait une mauvaise plaisanterie la veille m'a réconfortée en me disant qu'ils étaient armés et qu'il était impossible qu'il me fasse quoi que ce soit. Ils ont fini par l'amener.

J'ai vu son ombre se dessiner derrière la porte vitrée de la pièce et j'ai eu encore peur. J'ai voulu le regarder dans les yeux lorsqu'il est entré, comme pour savoir si j'étais menacée ou non. J'avais l'habitude de sentir à son regard s'il allait me faire du mal ou non. J'ai vu qu'il n'était pas glorieux pour quelqu'un qui pendant des années m'avait dit : « On ne m'aura pas vivant. » Il était écarlate. Une de ses mains était attachée au radiateur avec la menotte, mais il avait une main libre, ce qui me terrorisait. Je me suis écartée de lui au maximum et l'enfer a commencé. Il est devenu très « gentil », jouant la complicité, allant jusqu'à me demander de partager le cendrier. A ma demande, l'inspectrice lui a ordonné de ne pas m'adresser la parole. Parfois, son discours était d'un cynisme fou : « La date de ce viol ? Ah, je ne sais pas. Demandez à Stéphanie, elle doit mieux se souvenir que moi ! » C'était immonde de l'entendre parler ainsi et nier certaines choses, mais je savais que je ne pouvais rien faire et que je devais garder mon calme. Il avait avoué et pour moi, c'était déjà énorme. Chacun est resté sur ses positions.

Ils ont saisi chez lui le revolver qu'il avait sans autorisation de port d'arme. Il a été mis en détention préventive pour les faits qui lui étaient reprochés. Plusieurs fois, j'ai été convoquée chez le juge d'instruction avec lui. Il avait toujours l'air d'un pauvre homme victime d'une terrible injustice. Lors d'une très longue confrontation chez le juge d'instruction, il a dit d'un air las : « Mais ce n'est pas possible ! On ne va tout de même pas rester trois heures sur cette histoire d'attouchement ! » Le juge d'instruction lui a dit : « Monsieur, nous ne sommes pas dans un salon de thé ici, alors taisez-vous ou je vous renvoie immédiatement sans vous entendre ! » Ce jour-là, il était devenu sourd. Il lui fallait un interprète. En ressortant, l'interprète est venu me serrer la main et elle m'a dit : « Vous savez Mademoiselle, parfois, j'ai honte de faire ce métier. Je suis désolée d'avoir eu à traduire pour un individu aussi ignoble. Excusez-moi. »

Lors de toutes ces pénibles épreuves, ma mère me soutenait, me raisonnait. Elle avait envie de le tuer, comme tout le monde, mais surtout une terrible envie que justice soit faite. J'étais souvent chez elle parce qu'il fallait réunir toutes sortes de papiers, de pièces à conviction. Elle faisait tout ce qu'elle pouvait pour m'épargner des soucis, faisait des photocopies, fouillait les archives. Elle a tenu à ce que j'aie un bon avocat et a payé les honoraires. Elle a dû faire des sacrifices parce qu'un procès coûte cher mais c'était tellement important ! Elle m'expliquait aussi que je n'avais pas à culpabiliser sur le fait de dénoncer quelqu'un et d'enlever leur père aux enfants. J'ai longtemps réfléchi à tous ces problèmes. Il m'a fallu beaucoup de courage et un soutien permanent pour surmonter les épreuves. J'ai eu la chance d'avoir ma mère.

Mes mots ne valent-ils rien ?

Lorsque j'ai commencé à parler, j'ai eu l'impression que tout éclatait, que plus rien ne serait comme auparavant. J'appelle toujours cette période, la « révélation ».

Cette révélation a bouleversé tous les membres de la famille et toutes les relations qui nous unissaient.

J'avais caché la vérité pendant tant d'années que j'étais arrivée au stade où j'avais le sentiment qu'un immense malentendu empoisonnait toutes les relations.

Grâce à cette révélation, les relations d'affection avec mes proches se sont reconstruites sur un autre modèle, plus sain, plus vrai.

Mais cela a entraîné un sérieux « tri » : il y avait les gens qui comprenaient et ceux qui ne comprenaient pas. Il y a eu ceux dont je n'étais pas très proche et qui ont eu une réaction fantastique, dénuée de pitié mais pleine de tendresse. D'autres, au contraire, m'ont déçue, voire meurtrie. La sœur aînée de ma mère par exemple a été très étonnée qu'il « puisse aller en prison pour avoir violé une seule personne. » C'est insupportable de savoir quelqu'un incapable de se représenter ce que mon histoire implique comme souffrance, particulièrement quand il s'agit de sa propre tante. Mais je n'ai pas cherché à expliquer parce qu'on ne peut pas expliquer à quelqu'un qui ne veut pas comprendre et d'ailleurs, je n'avais pas à ce moment-là la force de le faire.

Sa famille à lui l'a bien sûr immédiatement soutenu. Ses deux sœurs, qu'il voyait rarement, lui ont tout de suite trouvé un très bon avocat et n'ont pas eu un instant une pensée pour moi. Cela ne m'a guère étonnée. Ils avaient un sens très particulier des liens du sang : le silence des sentiments pendant des années et un soutien sans condition à l'annonce de la nouvelle. Que leur frère m'ait violé tout en me servant de père ne les a sans doute pas choqué ! En revanche, ses parents auraient sans doute souffert de cette triste histoire, mais ils étaient décédés. Ils m'avaient beaucoup aimée et, si je les avais rarement vus, je me souviens qu'ils avaient été très gentils avec moi, et très loin d'imaginer ce que leur fils me faisait subir. Quant aux gens qui m'ont soutenue au moment de la révélation, mais m'ont abandonnée le jour du procès, sous des prétextes divers, je pense qu'ils n'ont pas compris que leur présence et leur témoignage étaient essentiels pour moi. C'est dommage !

Quelques jours après avoir révélé mon secret à mes proches, j'ai tenu à revoir le psychiatre qui m'avait si peu aidée pendant dix ans. J'ai pris rendez-vous, comme si de rien n'était. J'avais très peur. Je me suis assise en face de lui et je lui ai dit : « Voilà ! C'est la dernière fois que je viens vous voir. C'est juste pour boucler la boucle, pour conclure, pour vous expliquer ce qui n'allait pas pendant toutes ces années : mon beau-père a abusé de moi pendant neuf ans et je viens de porter plainte. » Il était totalement livide. Il ne m'a presque pas regardée et n'a pas dit un mot pendant dix minutes. Ensuite, il a dit : « Je pensais que cet homme était un enfant mais pas un enfant malfaisant. Je ne sais pas quoi vous dire, je me sens humilié. Vous êtes plus forte que moi, tellement plus forte. Je crois que vous n'avez plus besoin de moi mais je reste à votre disposition et vous pourrez venir me voir si vous le souhaitez. » Je lui ai répondu assez sèchement que je ne le souhaitais pas et que j'avais juste voulu lui donner la clé de l'énigme. Je lui ai expliqué que, selon moi, il avait deviné, et là, il a réagi : « Mais enfin Mademoiselle ! Si je l'avais su, mon devoir aurait été de le dénoncer à la police ! Vous vous rendez compte de ce que vous insinuez ? » Effectivement, je me rendais très bien compte... C'est une position confortable de ne pas avoir envie d'entendre...

Pendant l'instruction, tous mes proches ont été appelés à témoigner. J'ai appris ce qu'ils ressentaient. Toutes les bribes de choses que les gens savaient étaient déjà des indices de mon drame. Chacun s'accordait à le trouver violent. Certains avaient été témoins de scènes. J'ai appris au moment des dépositions à la police des choses qui m'ont étonnée. Sophie, mon amie d'enfance, a raconté qu'il l'avait regardée par la fenêtre des toilettes, quand elle venait en vacances. Ma tante Isabelle a raconté qu'il lui avait montré deux fois son sexe. Et jamais elles n'ont parlé. Elles n'ont pas pensé que ce comportement portait à conséquence. Elles ne voulaient pas semer la zizanie dans un couple à cause d'un incident isolé.

J'ai été surprise d'apprendre cela en lisant les dépositions mais j'ai compris que dans ce type d'affaire, avant que les choses n'éclatent, le silence est partout, à divers degrés. Je sais cependant que même dans ma famille, certains se demandent sans doute pourquoi je me suis tue si longtemps, pourquoi j'ai tant supporté.

Longtemps après avoir parlé, je n'ai pas pu regarder mes proches en face. Je savais qu'ils savaient et j'avais peur de lire dans leur regard du mépris, du dégoût. Plus j'avais de respect pour les gens et plus je redoutais cette réaction. Mes grands-parents expriment peu leurs sentiments et j'avais un mal fou à me dire qu'ils ne me méprisaient pas ou qu'ils ne m'en voulaient pas. Je sais qu'en parlant, j'ai fait du mal aux gens qui m'entouraient parce qu'il est terrible de savoir que « ça » a existé juste à côté de soi et que l'on n'a pas vu, parce que c'est impensable, parce que l'on n'a pas envie d'entendre une histoire aussi sordide. Je m'en voulais de faire porter à mes grands-parents un fardeau aussi lourd.

Mais je n'avais pas le choix. J'ai seulement évité de dévoiler les détails de mon cauchemar pour ne pas les choquer. Vis-à-vis de ma sœur et de mon frère aussi, je me sentais très coupable : je leur enlevais leur père. Ma mère leur a expliqué, pour les aider à comprendre, que leur papa avait fait quelque chose de très mal et qu'il acceptait lui-même sa punition. Elle a dit à mon frère que son père restait son père et qu'il pouvait en garder une photo dans sa chambre, s'il le souhaitait. C'était un gros effort pour elle mais elle voulait éviter d'accroître le traumatisme.

Ma sœur a mieux réalisé, je crois, ce que son père m'avait fait subir. Récemment, elle m'a écrit un poème magnifique où elle me dit : « Merci de m'avoir protégée. » J'ai été émue mais, en même temps, consciente de l'horreur qu'il y a à lire cette phrase sous la plume d'une adolescente. Je la protège du père qui aurait dû la protéger, paradoxe effrayant... Mon frère est plus secret mais des mots lui échappent parfois. Lors d'un dîner chez ma mère, il m'a dit : « Fais attention... Ne rentre pas trop tard parce que je ne veux pas que tu te fasses violer. » Entendre cela de la bouche d'un petit garçon glace le sang.

J'ai très mal vécu les deux ans et demi qui ont séparé la révélation du procès pour une raison précise. Un jour, deux mois après l'arrestation de mon beau-père, j'ai appelé mon avocate pour un détail et elle m'a dit : « Stéphanie, vous tombez bien. J'ai une nouvelle qui ne va pas vous faire plaisir. » Et elle m'a annoncé d'un ton badin l'inimaginable absolu : mon bourreau était en liberté depuis la veille. Il est difficile de décrire la panique qui m'a saisie. En une seconde, ma vie s'est métamorphosée. J'ai bredouillé quelques mots et cette avocate a ajouté : « Mais finalement, est-ce que vous ne pensez pas que c'est mieux pour votre conscience ? » J'ai failli réellement m'évanouir et j'ai immédiatement appelé ma mère pour l'avertir du danger. J'étais totalement paniquée. J'ai immédiatement demandé à maman de sauter dans un taxi et de se barricader chez elle, d'envoyer quelqu'un prendre les enfants à l'école et de les mettre à l'abri. C'était l'horreur.

Je n'ai pas compris cette libération et les avocats ou juristes que j'ai pu rencontrer par la suite ne s'expliquent pas davantage cette décision du juge d'instruction. Relâcher un père incestueux après ses aveux est très rare. Cela me dégoûtait vraiment qu'il soit libre alors que des gens sont en détention préventive pour un chèque sans provision ! L'avocate m'a expliqué que mon beau-père n'était pas considéré comme dangereux. Après ce que j'avais vécu, je savais de quoi il était capable et les généralités comme « ce genre de type menace mais n'agit jamais » relevaient des statistiques mais pas de la réalité d'une peur qui m'a paralysée pendant des années. J'avais demandé à ce que mon adresse ne figure pas sur les papiers qu'il pouvait voir et je me suis aperçue que ma demande n'avait pas été respectée. Chaque soir, jusqu'à ce que je déménage, j'ai eu peur en rentrant chez moi, en faisant mes courses, en prenant le métro. Il avait un contrôle judiciaire qui lui interdisait de s'approcher de moi à moins de cinquante mètres, c'est-à-dire le trottoir d'en face. Une interdiction, cela ne représentait rien pour moi. J'ai fait des cauchemars. Cette décision de « justice » m'a vraiment meurtrie.

Je me disais qu'en réalité, tout le monde s'était moqué de moi, la police, le juge d'instruction, l'avocat. C'était comme si la société toute entière refusait de reconnaître mon histoire. J'ai regretté d'avoir parlé. Je ne cessais de penser que s'il arrivait malheur à l'un d'entre nous, je m'en voudrais toute ma vie. Je n'avais plus confiance en la justice mais en raisonnant, je me suis dit que cette confiance reviendrait s'il était condamné, que je saurais à l'annonce du verdict, si j'avais bien fait de parler ou non.

J'ai changé d'avocat. Grâce à Jeanne Mas, j'ai été mise en contact avec un avocat de l'association *Enfance et Partage*. Lui, au moins, avait l'habitude des maltraitances sur enfant. La procédure a continué, avec son lot d'épreuves pénibles, comme la confrontation chez le juge d'instruction ou les expertises psychiatriques. La première expertise s'est plutôt bien passée, mais c'est paradoxal puisque le médecin est arrivé à des conclusions aberrantes. Il a déclaré que j'étais consentante ! A sept ans ! Et que l'homme qui m'avait violée n'était qu'un grand enfant ! Il reconnaissait tout de même que j'étais crédible et non mythomane. J'ai demandé une contre-expertise dont les conclusions étaient plus satisfaisantes mais la séance a été un immense traumatisme. Je suis arrivé devant deux médecins, assis en face de moi, jouant l'un le gentil, l'autre le méchant. Ils m'ont assailli de questions très rapides, auxquelles je n'avais même pas le temps de répondre, des questions qui n'avaient à priori aucun rapport comme : « Avez vous peur des araignées ? Aimez vous ceci ? » Et il fallait immédiatement répondre. Ensuite, ils se sont précipités sur moi, en même temps, pour m'arracher ma veste. En fait, c'était pour tester mes réactions mais je n'y étais pas du tout préparée. Je suis ressortie de leur cabinet en larmes, choquée, épuisée. J'ai mis trois semaines à m'en remettre. Ils ont conclu que j'avais d'importantes séquelles et ont confirmé que je disais la vérité.

Ce qui m'a révoltée, c'est que les deux expertises ont déclaré mon beau-père non violent. Je ne comprends pas qu'il ait réussi à se maîtriser suffisamment pour ne pas hurler en plein cabinet. Mais je sais que ma peur restait intacte et que je souffrais de ne pas être assez crue pour que l'on assure ma sécurité.

Pendant ces deux ans, j'ai totalement changé. J'ai arrêté la danse qui était ma passion et mon refuge depuis des années. J'ai pris vingt-cinq kilos. J'étais mince, coquette, j'adorais me maquiller et mettre des vêtements qui me plaisaient et je me suis complètement laissée aller. En fait, lorsqu'une bouée se crève, elle dégonfle et moi, c'était le contraire. Tout est sorti et tout ce qui est sorti s'est greffé sur mon corps. Jusqu'à présent, je cachais par l'aspect extérieur tout ce qu'il y avait en moi, je maquillais. Après avoir parlé, je n'en avais plus ni le besoin, ni le désir.

J'étais mal, j'avais peur de tout. Florence, avec qui j'habite encore aujourd'hui, a été ma précieuse alliée pendant ces deux ans et demi parce qu'elle supportait mes crises et m'épaulait dans les moments difficiles. Ce que j'ai vécu est si traumatisant que je suis parfois étrangère à ma propre histoire. Par exemple, à la télévision, s'il y a une scène de viol ou de violence, je dis tout haut : « Oh, la pauvre ! comme elle doit souffrir ! » Et Florence me regarde, alors je réalise que cela m'est arrivé. Elle sait que j'ai parfois des réactions surprenantes et elle les comprend. Elle a vécu, tout à côté de moi, les deux ans et demi avant le procès et elle a dû supporter les hauts et les bas. Un autre être me consolait, d'une autre manière bien sûr : Roxane, la chienne que j'ai acheté. Voir ce petit bichon frisé tout blanc me regarder avec des yeux pleins d'amour, devoir m'occuper d'elle, m'a beaucoup aidée. Elle était comme mon enfant que je devais protéger et aimer. Encore aujourd'hui, elle me soutient et me rassure.

J'avais du temps à lui consacrer, puisque j'ai vite perdu mon travail : trop souvent convoquée chez le juge d'instruction ! La directrice m'a fait comprendre que j'avais besoin de vacances...

Seule chez moi, toute la journée, j'attendais le procès. J'essayais de me souvenir du passé, d'imaginer comment le procès se passerait. Parfois, je me disais qu'il ne changerait rien à ma vie mais tout le monde m'assurait le contraire. Alors j'essayais de m'accrocher à cette idée. Un jour, mon avocat m'a appelée. Il m'a donné les dates du procès : les sept et huit avril 1994.

Le procès arrive enfin

Je m'attendais à être prévenue six mois à l'avance. Je ne l'ai été qu'un mois et demi avant, ce qui est le délai normal. J'ai été surprise, et sur le moment j'ai pensé que je n'avais pas le temps d'atteindre le but que je m'étais fixé : arriver mince au procès. Je ne voulais pas que mon beau-père voie le mal qu'il m'avait fait, à quel point il m'avait meurtrie. Et puis j'ai réfléchi à ce que cette réaction avait d'aberrant. Je me suis dit que pendant des années j'avais dû penser à ses réactions et ne vivre que sous ses ordres, et que je n'allais tout de même pas continuer.

J'ai tenu à ce que mon procès ne se déroule pas à huis clos, comme les victimes peuvent le demander dans les affaires d'inceste. J'avais besoin que mes proches soient avec moi pour me soutenir et je me disais que si le procès était public, mon histoire servirait peut-être d'exemple. J'avais peur que des curieux soient là. Mais le silence et la dissimulation m'étaient devenus insupportables.

Je suis allée voir un procès en assises juste avant le mien parce que je n'avais pas la moindre idée de ce que c'était. J'ai vu le box des accusés. Il m'a semblé très proche de mon banc, trop proche. J'ai vu le micro au milieu de la salle et je me suis demandée si j'allais réussir à parler, comme ça, devant tout le monde. J'étais très impressionnée par les robes, l'apparat, le cérémonial, le moment où ils annoncent : « La Cour » et où tout le monde s'assied autour du président.

Le jour de mon procès, je n'ai cessé de pleurer avant d'entrer dans la salle, avant de témoigner à la barre et aussi en entendant les horreurs proférées par ses avocats à lui ou en entendant le fameux psychiatre qui me trouvait consentante. Ce jour-là, il a dit qu'à cinq ans, un enfant pouvait parfaitement avoir un désir sexuel pour un adulte et la relation sexuelle pouvait être épanouie et assumée de part et d'autre. C'était aberrant ! « A cinq ans, tout y est ! » a-t-il déclaré. Même le président du tribunal et les jurés ont été choqués. Je ne cessais d'observer leur réaction, de scruter leur visage et je voyais bien qu'ils ne pouvaient en aucun cas approuver l'acte de mon beau-père. J'avais peur du verdict parce que mon avocat m'avait mis en garde. Il m'avait expliqué que dans les affaires d'assises, il peut y avoir de mauvaises surprises, un verdict très clément, voire un acquittement. Il préférait me prévenir. Je ne pouvais pas croire qu'il sortirait libre mais j'avais si peur.

Pendant les deux jours qu'a duré le procès, mon beau-père a joué le simplet du village. Ses problèmes d'audition s'étaient transformés en surdité totale. Il portait des lunettes alors que sa vue a toujours été excellente et ses avocats exploitaient largement ces handicaps. Ils ont demandé à ce que les témoins le regardent en face pour qu'il voie le mouvement de leurs lèvres.

Ma mère a été très courageuse. Elle a très longuement parlé, plus d'une heure, en le regardant droit dans les yeux sans jamais battre des cils ou se laisser impressionner par son regard. Moi, on m'a permis de ne pas le regarder, je ne pouvais pas, la peur revenait. Toutes les larmes de mon corps coulaient quand je parlais mais j'ai trouvé l'énergie pour parler et répondre aux accusations de ses avocats. Ils m'ont reproché d'avoir écrit à huit ou neuf ans sur un livre que je lui avais offert : « Joyeux Noël papa chéri. » Qu'aurais-je dû écrire ? Que pouvais-je faire d'autre et où est mon crime ? Je sais qu'ils faisaient leur métier en défendant ce monstre, mais c'est difficile de raisonner sur le moment. Ils ont montré des photos où je souriais en disant que je n'avais pas l'air malheureuse. J'avoue qu'il m'arrivait de ne pas pleurer. Je me sentais questionnée comme une coupable, sommée de me défendre. J'ai réussi à garder mon calme tout le temps, sauf au moment de la plaidoirie de ses trois avocats, car il en avait trois ! Là, je n'ai pas pu entendre, c'était au-dessus de mes forces. Cela a duré trois heures, trois heures dont je ne veux rien savoir. J'ai préféré sortir de la salle.

L'avocat général, un homme fantastique, a été la dernière personne que j'aie entendue avant de sortir de la salle. Il était très haut dans sa tribune et, toutes proportions gardées, je buvais ses paroles comme si c'était la voix de Dieu. Il a expliqué que j'étais courageuse, que je n'avais pas ajouté une seule chose qui puisse alourdir la condamnation, que mes mots étaient justes. « Pour ce qu'a fait l'accusé, a-t-il déclaré pour finir, je ne réclame pas quelques années mais des années et des années de réclusion criminelle... » Lorsque j'ai entendu cela, je me suis dit qu'il dormirait en prison et que j'allais vivre sans crainte longtemps. J'ai pensé qu'il aurait douze ans de réclusion criminelle, douze ans parce que mon cauchemar avait duré douze ans, puisque je n'ai pas cessé de souffrir avant qu'il ne disparaisse de ma vie. Finalement, l'avocat général a demandé dix ans.

La délibération a duré deux heures. Dans le couloir, mes proches étaient sous le choc d'avoir entendu le récit de tant d'actes pervers. Ils n'avaient pas imaginé que c'était cela, l'inceste. Ma sœur et mon frère n'étaient bien entendu pas présents. Quant à mes grands parents, ils n'étaient pas là parce que mon grand-père avait eu un œdème du poumon quelques jours auparavant. De toute façon, je ne souhaitais pas leur présence parce que je préférais leur épargner les détails de mon calvaire. Pour quelqu'un qui ne l'a pas vécu, cela reste abstrait, inconcevable, et c'est mieux ainsi.

Lorsque je suis rentrée dans la salle pour entendre le verdict, je ne respirais plus. Le président du tribunal a annoncé la peine : huit ans ! J'ai regardé ma mère et je me suis jetée dans ses bras, soulagée. Je n'ai pas eu un seul regard pour lui et finalement, je le regrette. Mais je ne pouvais pas regarder tout le monde en même temps. J'ai juste entendu le bruit des menottes et vu sa silhouette disparaître, encadrée par deux policiers.

Je n'ai eu aucun mouvement de joie ni de déception. Peut-être que j'aurais souhaité davantage, mais de toute façon une condamnation ne réjouit jamais totalement. On reste avec sa blessure au fond de l'âme.

J'ai du mal à comprendre pourquoi le verdict n'est pas toujours le même. Lorsque j'entends qu'un père incestueux a été condamné, je plains la victime, et je me dis : « Tiens, il a eu quinze ans. » Alors est-ce que ça veut dire qu'elle a plus souffert que moi, que dans tel département les jurés sont plus sévères ? Je n'aime pas cela parce que la longueur de la peine semble quantifier les souffrances et que les souffrances sont inquantifiables.

J'ai encore aujourd'hui d'innombrables séquelles de ce que j'ai vécu et je vais mettre du temps à m'en débarrasser. La nuit, je ne supporte pas de dormir seule. Je me réveille souvent en proie à des terreurs difficiles à contrôler. Heureusement, Florence est près de moi, prend son temps, me rassure. J'ai des obsessions permanentes comme la propreté. Je me lave trois fois par jour, je désinfecte tout à l'eau de Javel, je suis obsédée par la peur des microbes, des maladies et j'ennuie tout le monde avec ça. Je sais que toutes les victimes d'inceste ont ces phobies parce que leur corps a été trop longtemps souillé. En revanche, je sais que des filles qui ont vécu une histoire similaire se donnent à n'importe quel homme, estimant que leur corps n'a plus de valeur. Cela me révolte et je ressens exactement l'inverse. Mon corps a trop longtemps subi ce qu'il ne désirait pas pour qu'aujourd'hui je ne le protège pas.

Il m'a volé des années de bonheur et d'innocence mais aussi la « première fois » amoureuse qui marque la vie de toute jeune fille. Je lui en veux terriblement de ne pas m'avoir laissé la liberté de choisir quand et à qui je donnerai mon corps pour la première fois.

Depuis ce que j'ai subi, je n'ai jamais réussi à avoir de relations d'intimité avec un homme. Une seule fois, j'ai eu un petit ami. Je me sentais comme toutes mes amies. J'attendais qu'il me téléphone. Il m'offrait des fleurs, nous allions au restaurant. Notre histoire a vite tourné court parce que je n'étais pas prête. Il savait ce qui m'était arrivé et était très patient mais je ne pouvais pas aller plus loin avec lui. Je ne peux pas m'endormir à côté d'un homme. J'ai trop appris à rester éveillée pour prévenir le moindre de ses gestes et à ne jamais être dans l'état nonchalant du sommeil pour pouvoir m'abandonner. Un jour, j'espère pouvoir croire en un homme et ne rien redouter mais cela demande du temps. J'ai peur d'être trompée, bafouée.

Lorsque la confiance reviendra, j'aimerais avoir des enfants et pouvoir leur donner l'enfance que je n'ai pas eu.

Le procès ne répare pas tout comme un coup de baguette magique mais moralement, je sens tout de même que j'ai le droit de regarder devant moi, de penser à l'avenir. J'ai enfin été reconnue comme victime, par la justice et au nom de la société. C'était pour moi essentiel. Tant qu'il n'était pas condamné, j'avais l'impression que ma vie était en transit. Je sais aujourd'hui qu'il était impossible que je ne parle jamais. Pour toute la famille, c'est important. Pour ma sœur et mon frère, qui sont à l'abri jusqu'à leur majorité. Pour moi qui n'ai plus peur dans la rue, même si je sursaute encore lorsque je vois un homme qui lui ressemble. Pour ma mère, qui a enfin compris ce que j'avais vécu et avec qui je peux avoir à nouveau des relations saines et complices.

Ce que je souhaite maintenant, c'est voir mon frère et ma sœur faire les études que je n'ai pas pu faire. C'est réaliser mes ambitions secrètes, retrouver un travail pour pouvoir vivre tranquillement et offrir à ma mère des choses qui lui feront plaisir, la voir rencontrer enfin l'homme qu'elle mérite tant. Voilà !

Lorsque je regarde l'avenir, ce n'est toujours pas à mon bonheur que je pense en premier, mais au bonheur des autres ! Mais c'est ma vérité ! Je suis faite ainsi !

« L'INCESTE, C'EST TOUS LES JOURS ET DANS LES MILIEUX LES PLUS NORMAUX »

par le docteur Pierre Sabourin

Psychiatre, psychanalyste, thérapeute familial, co-auteur de plusieurs ouvrages consacrés au problème de l'inceste : La violence impensable *(Nathan. 1991),* Les enfants victimes d'abus sexuels *(P.U.F. 1992).*

*
* *

Que pensez-vous du témoignage de Stéphanie ?

Ce témoignage de Stéphanie est d'une valeur exemplaire : pathétique mais sobre et juste. A partir de là, on peut essayer de comprendre plus globalement le fonctionnement de sa famille.

Y a-t-il des milieux propices à l'inceste ?

Non, ceci se passe tous les jours dans les milieux les plus « normaux » : un petit village des Causses, une banlieue défavorisée mais aussi dans les grandes familles rurales traditionnelles ou dans les milieux socio-culturels évolués des grandes cités.

Cette trahison d'un enfant par ses parents — que ceux-ci soient légitimes, naturels ou adoptifs — peut exister à côté de chez soi. Mais, paradoxalement, il est difficile de prendre conscience de ce qui se passe si près. L'inceste est souvent irreprésentable. Pour la mère, il est inimaginable.

Parfois, la famille est caractérisée par une rigidité à toute épreuve : l'interdit de parler vient remplacer l'interdit de l'inceste. Quel que soit le masque religieux ou moral de ces familles à principes — intégriste catholique, protestant de la haute société, juif d'Afrique du nord, islamiste ou membre de n'importe quelle secte — le fonctionnement pathologique est peu visible, camouflé par des idéologies d'éducation stricte et d'obéissance absolue.

Dans d'autres systèmes familiaux, ce n'est pas une rigidité qui domine mais une absence de limite. L'enfant ne sait plus où se situer parce que tous les repères de la filiation sont brouillés. Le rôle de l'adulte et celui de l'enfant ne sont pas clairement définis. L'enfant va se sentir d'autant plus trahi que l'abuseur est celui qui est sensé le protéger. Cette confusion de tous les repères est propice à l'inceste.

On sait aussi, malheureusement, que la destruction est souvent déjà là, en particulier chez les grands-parents, car les passages à l'acte et les transgressions surviennent rarement par hasard mais dans une logique de maltraitance qui se transmet de génération en génération.

Pourquoi les victimes d'inceste s'enferment-elles des années dans le silence ?

Souvent, l'enfant est conditionné très jeune par l'abuseur, dressé à se taire. La violence à l'intérieur d'un groupe familial restreint n'est pas exceptionnelle : femmes battues, vieillards délaissés ou spoliés, enfants maltraités physiquement, exploités sexuellement. Ce qui est particulier à l'inceste, c'est qu'il s'accompagne rarement de brutalité physique mais se produit sous une sorte d'hypnose avec chantage affectif et menaces (« si tu parles, je te tue, je tue ta mère », etc.). Cela constitue une logique de domination tout à fait redoutable.

On parle alors de transactions sacrificielles. C'est-à-dire que l'enfant, en échange de son silence, a l'illusion de sauver le bonheur de sa mère

ou l'unité mythique de son noyau familial.
Le comble du dysfonctionnement de ces systèmes sacrificiels, c'est que l'enfant va protéger celui ou celle qui a trahi son besoin de tendresse ; l'enfant va reprendre sa parole, se rétracter, comme Stéphanie qui, après une première tentative pour briser le silence qui pèse sur elle, dit à sa mère : « Je t'ai menti. Je ne sais pas pourquoi j'ai inventé des choses pareilles. Excuse-moi. »
C'est l'enfant qui est coupable, ce n'est plus l'abuseur. Sa culpabilité, en partie inconsciente, va le suivre pendant très longtemps. C'est un sacrifice auto entretenu, une machine infernale mise en marche non seulement pour faire perdurer l'illusion d'un groupe familial uni mais aussi pour un meilleur équilibre psychique de survie.
L'enfant mettra toute sa vigilance, tout son cœur pour le salut impossible d'un équilibre imaginaire, mais il y laissera souvent son intégrité psychique, sa capacité de penser, de manger, de dormir, sa cohérence intérieure, son goût de vivre et sa sexualité à venir.
Il y aura chez cette fillette très jeune, ou ce garçonnet (moins souvent), des efforts psychiques permanents pour effacer le souvenir de ces traumatismes-là, répétés et perpétrés sous des menaces de mort. Le refoulement et les troubles de la personnalité permettent ce colmatage et orchestrent cette survie, mais les phénomènes de la dépression, avec tous les risques majeurs qui s'y rattachent, sont inscrits pour de longues années (phobies, rêves à répétition, tentatives de suicide).

Comment expliquer que l'entourage ne voie pas ?

Il y a parfois des signes mais l'adulte se refuse à les interpréter. Exemple d'une petite fille de cinq ans en visite au Louvre, qui découvre une statue d'un homme nu et ne voit que ça : « Elle est plus petite que la grosse bête de Papa ». Ce type de phrases, à la suite des exhibitions et attouchements présumés de son père sur elle, permet cette comparaison spontanée entre érection et non érection ; c'est comme une preuve clinique de l'univers incestueux qu'elle a vécu par initiations sexuelles répétées ; c'est le contraire même d'un désir de l'enfant vers l'amour de son père. Mais le père va toujours nier.

Contre toute évidence. Car une telle phrase démontre à qui veut bien l'entendre que la fillette a été mise au contact d'une sexualité masculine d'adulte.
L'exemple de l'expert psychiatre de Stéphanie est flagrant de vérité car très fréquent. Comme l'expertise arrive bien après les paroles de dévoilement de l'enfant et que les intimidations en tous genres sont très actives, l'expert mais aussi le psychothérapeute mal informés, n'ont souvent que des attitudes pour le moins inadéquates (« A cinq ans, tout y est ! »)
D'autre part, la mère ou le proche n'ont souvent pas envie d'entendre la vérité. Souvent, suite à une confidence (à sa tante dans le cas de Stéphanie), la mère est enfin informée de cette révélation si insoutenable à entendre. Dans cette histoire-ci, la mère de Stéphanie se révèle « formidable », mais ce n'est pas toujours le cas. Le désaveu de la parole de l'enfant fait aussi des ravages. Car le tabou majeur, c'est de parler de la sexualité de l'adulte, et l'enfant qui ose affronter cette difficulté devient celui par qui le scandale arrive : il a dit la vérité mais cette vérité-là est inaudible.

Comment réagir lorsque l'on sent l'enfant en danger ?

Ce qui est important est de croire l'enfant quand il parle. Quelquefois, une force intérieure ou la menace qui pèse sur la jeune sœur vont faire basculer l'isolement dans lequel vit la victime pour qu'elle ose dire ce qu'elle a vécu, dépasser sa honte, affronter le regard de l'adulte et les enquêtes socio-judiciaires.
Parfois, l'enfant fait des allusions ou parle de choses qu'il ne devrait pas connaître, comme la petite fille citée plus haut. Il ne faut pas trouver des raisons rassurantes : « la petite regarde trop la télé ». Dans toutes ces affaires de violences sexuelles et d'abus en tous genres, nous sommes en face d'un passage à l'acte délictueux ou criminel. Ce sera aux juges de trouver la qualification la plus précise. Mais penser qu'un enfant ment ou est d'abord consentant est l'absurdité même.
Le rôle du médecin ou du travailleur social, que l'enfant soit hospitalisé ou non, est de tirer la sonnette d'alarme devant une présomption d'abus sexuels sur mineur, ce qui le délie du secret professionnel (article 226. 13 et 14 du Nou-

veau Code Pénal). Son rôle n'est sûrement pas de se taire. Mais c'est également le devoir de tout citoyen. Le signalement en justice pourra aussi bien être fait par tout adulte qui peut entendre une parole de ce type de la part d'un enfant en difficulté. Sinon, l'adulte est complice.
Plus tard, l'enfant lui-même pourra porter plainte, jusqu'à l'âge de 28 ans s'il s'agit d'un viol. S'il s'agit d'attentat à la pudeur sans pénétration, la plainte ne sera reçue que jusqu'à trois ans après les faits.
Ces détails de procédure sont importants à connaître car beaucoup d'enfants sont des victimes de leur système familial par idéalisation du père (« ton père sera toujours ton père ») et banalisation de ces actes (« ce n'est pas si grave que ça »).

Est-ce que ce n'est pas dangereux pour Stéphanie de témoigner avec autant de sincérité ?

Au contraire, c'est le chemin par lequel elle doit passer pour affronter la réalité de son histoire. Grâce à ce texte criant de vérité, Stéphanie fait un pas de plus vers une libération de ses contraintes intérieures.
Qu'elle soit remerciée de ce témoignage au nom de tous ceux qui, en le lisant, trouveront le courage de parler et de se confier à quelqu'un d'efficace. Et que sa vie libérée et l'amour reprennent enfin leurs droits.

*
* *

La collection TÉMOIGNAGE veut donner la parole à tous ceux qui vivent au quotidien les problèmes de notre société.

A travers les récits d'expériences authentiques, ces livres ont pour seule ambition de donner des moyens de comprendre, des raisons d'espérer.

Vos réactions, vos suggestions, vos témoignages nous sont précieux. Vous pouvez nous écrire à :

Collection TÉMOIGNAGE
Edition°1
79 Boulevard Saint-Germain
75006 PARIS

Impression réalisée sur CAMERON par
BRODARD ET TAUPIN
La Flèche

pour le compte d'Edition°1
79, Bd St Germain 75006 Paris
en janvier 1995

Imprimé en France
Dépôt légal : janvier 1995
N° d'édition : 5661 – N° d'impression : 6824K-5
49-79-0923-01/0
ISBN : 2-863-91670-X